학교생활
나라면 어떻게 할까?

학교생활
나라면 어떻게 할까?

초등인성수업 1

박형빈 지음

한언

행복한 학교생활을 위한
23편의 도덕 여행

"자아는 이미 만들어진 것이 아니라 선택을 통해 계속 만들어가는 것이다."

미국의 철학자이자 교육학자인 존 듀이의 말입니다.

우리는 삶의 매 순간 어느 하나를 선택해야 하는 상황에 서게 됩니다. 때론 우리가 결정한 한 번의 선택이 평생에 걸쳐 영향을 주기도 하지요.

이 책은 결단의 순간을 마주할 때마다 보다 현명하게 생각하고 올바른 판단을 하도록 도움으로써 우리의 지혜가 향상되도록 도울 것입니다. 궁극적으로는 더욱 성숙한 인격을 형성하게 하겠지요.

우리는 일상에서 도덕道德이라는 말을 자주 접합니다. 그럼 과연 도덕이란 무엇일까요? 도덕은 당연히 지켜야 할 규범과 덕목의 단순한 나열이 아닌 우리를 지키는 수단과 힘입니다.

우리는 사적인 동시에 공적인 삶을 살고 있습니다. 도덕에 따라 행동할 책임이 있는 사람으로서 우리는 사회 속에서 자녀, 학생, 사회 및 국가 구성원, 인류 공동체와 같은 '집단'에 소속됩니다.

집단에 소속된다는 것은 자신뿐만 아니라 다른 사람에 대해 생각하고 고려해야 한다는 뜻이 됩니다.

이 책은 여러분에게 선택의 갈림길에 서 볼 수 있는 기회를 제공할 것입니다. 다양한 상황은 마치 삶의 현장을 고스란히 옮겨 놓은 것처럼 느끼도록 설정되었지요. 실제 사례를 각색한 것이기에 더욱 생동감 있게 이야기 속에 녹아들 수 있을 겁니다. 다만 등장인물들은 가상의 인물임을 염두에 두기 바랍니다.

또한 어린이와 청소년의 눈높이에 맞춰 '도덕적 상상'을 할 수 있게 하고, 보다 현명한 결정을 할 수 있도록 돕는 '도덕적 지혜'를 기르도록 하여 도덕성을 향상시키도록 구성하였습니다.

여러분은 이야기를 읽거나 들음으로써 문해력, 문학적 상상력, 서사적 상상력, 도덕적 상상력, 창의적 사고, 추론 능력, 올바른 의사 결정 능력, 의사소통 역량, 공감 능력 등을 쌓게 될 것입니다.

그뿐만 아니라 숙고(자세하게 생각함)하고 , 성찰(자신의 마음을 살펴고 반성함)하는 사고를 통해 스스로 성장할 수 있는 도덕적 기준과 원칙을 자신도 모르게 획득하게 될 것입니다. 이는 여러분의 일생에 큰 버팀목이 될 삶의 기준과 잣대를 체득(자신의 몸으로 직접 체험하여 알게 됨)하도록 도울 것입니다.

이 책에는 주인공 영서와 영서의 친구들이 일상에서 겪는 갈등 상황이나 딜레마(선택의 상황에서 어느 쪽을 선택해도 바람직하지 못한 결과가 나오는 상태)가 그려져 있습니다. 특히 책을 읽는 동안에는 등장인물들과 함께 생각하고, 느끼고, 경험하게 될 것입니다. 읽으면 읽을수록 우리를 지혜롭게 만드는 한편, 재미있는 글을 쓰고자 했습니다.

이 책이 담고 있는 내용은 부모님 혹은 선생님들께서 자녀와 학생들을 위해 꼭 전해주고 싶은 삶의 깊이 있는 안목과 인격적 덕을 다루고 있습니다. 함께 이 책을 읽는 어른들에게는 아이들에게 해주고 싶은 이야기, 혹은 들려주고 싶었지만 방법을 잘 알지 못하거나 기회가 없어서 들려주지 못했던 바로 그 이야기를 나눌 수 있는 계기가 되길 기대합니다.

어린이와 청소년들은 이러한 갈등 상황, 결정, 판단, 선택의 무대를 통해 깊이 고민하고, 다른 사람들과 이야기 나누고, 함께 좋은 방향으로 이끄는 논쟁을 진행하면서 보다 성숙한 인격체로 성장하게 될 것입니다.

이 책은 크게 세 부분으로 구성되었습니다. 도덕적 딜레마 상황이 흥미진진한 스토리로 구성된 [에피소드], 생각 및 토론 거리를 던져 줄 [함께 생각해 봐요], 함께 이 책을 읽을 어른들에게 보내는 가이드인 [함께 읽는 어른들에게]가 제시되어 있습니다.

- '에피소드'는 여러분이 지금까지 경험하지 못한, 때로는 경험했으나 미처 인식하지 못했던 세계를 보여줄 것입니다. 이야기를 통해 삶에 대한 경험을 늘려가고 여러분의 생각을 자라게 할 것입니다.
- '함께 생각해 봐요'는 갈림길에 선 입장에서 스스로 사고하고 판단하여 올바르게 행동하도록 도울 것입니다. 여러분이 매일 마주하는 삶의 순간에 어떠한 기준을 가지고 결단해야 하는가를 끊임없이 숙고하도록 할 것입니다. 이러한 성찰은 우리가 더 사려 깊고 배려심 있으며 지혜롭고 현명한 인격체로 성장하는 견인차 역할을 할 것입니다.
- '함께 읽는 어른들에게'는 부모님, 선생님, 보호자 등이 각각의 이야기 속에서 꼭 염두에 두었으면 하는 내용입니다. 학생 및 자녀와 함께 이야기 나눌 때 저자가 권고한 내용을 함께 활용하길 바랍니다.

글의 내용은 한 학년으로 마무리됩니다. 그 후 영서와 친구들의 이야기는 독자 스스로 상상의 나래를 펼쳐보기를 바랍니다. 이 책에 구성된 사연과 질문들은 독자가 성장해 감에 따라 읽을수록 다른 깊이가 느껴질 것입니다. 그 자체가 여러분의 도덕적 판단력과 도덕성이 고양되는 과정일 것입니다.

본 책을 여러 번 읽고 생각해 봄으로서 여러분의 생각과 마음의 그릇을 더욱 키워갈 수 있기를 바랍니다. 끝으로 이 책의 편집과 출판에 노고를 아끼지 않은 한언출판사 분들께 감사를 표합니다.

박형빈

차례

머리말 행복한 학교생활을 위한 23편의 도덕 여행

에피소드 01 나만 빼고 다 잘사는 것 같아

　　　　: 소셜미디어　　　　　　　　　　　015

에피소드 02 노래 부르는 게 뭐가 문제야?

　　　　: 자유의 범위　　　　　　　　　　025

에피소드 03 아무나 뽑으면 어때?

　　　　: 선거의 의미　　　　　　　　　　032

에피소드 04 이럴 땐 다수결이지!

　　　　: 의사 결정 방식　　　　　　　　　039

에피소드 05 이제 와 양보하라니! 왜 줬다 뺏어?

　　　　: 분명한 의사소통의 중요성　　　　046

에피소드 06 넌 우리랑 틀리잖아!

　　　　: 다른 것과 틀린 것　　　　　　　054

에피소드 07 그거 다 미신이야!

　　　　: 미신과 과학 사이　　　　　　　063

에피소드 08 어차피 번호 알려줄 거잖아!

　　　　　　: 개인정보 보호　　　　　　　　　　　　　069

에피소드 09 내 돈 주고 산 것도 아닌데 뭐!

　　　　　　: 공동의 소유물　　　　　　　　　　　　　076

에피소드 10 남학생은 로봇 실습실로, 여학생은 조리 실습실로!

　　　　　　: 여성과 남성의 사회적 역할　　　　　　　083

에피소드 11 누구를 살려야 하지?

　　　　　　: 인공지능 시대 자율주행자동차의 윤리　　091

에피소드 12 대를 위해 소를 희생해도 된다고?

　　　　　　: 트롤리 딜레마의 스위치 사례와 인도교 사례　101

에피소드 13 이런 건 남자가 잘한다구!

　　　　　　: 성평등의 필요성　　　　　　　　　　　　110

에피소드 14 게임은 게임일 뿐이라고?

　　　　　　: 현실과 가상공간에 대한 올바른 인식　　　119

에피소드 15 누가 돈 주고 봐?

　　　　　　: 저작권을 침해하게 하는 변명　　　　　　130

에피소드 16 도와주는 거야, 마는 거야?

　　　　　　: 진정한 이해와 존중　　　　　　　　　　137

에피소드 17 아마 도와준 애도 자소서 써야 했나 봐

　　　　　　: 차별과 배제　　　　　　　　　　　　　　144

에피소드 18 꽃길만 걸을래… 나 혼자만!

　　　　　　: 정정당당한 경쟁과 협동　　　　　　　　153

에피소드 19 부먹 vs. 찍먹

: 타인의 입장에서 생각해 보기 161

에피소드 20 네가 뭔데!

: 자기중심성에서 벗어나기 168

에피소드 21 너 저번에도 내 팀원 가로챘잖아!

: 극대화된 이기심과 공격성 178

에피소드 22 용서는 피해자가 하는 거 아닌가요?

: 용서의 주체 186

에피소드 23 나는 착하거든!

: 보이지 않는 폭력 195

에피소드와 연계된 덕목 및 역량

덕목·역량 \ 에피소드	1	2	3	4	5	6	7	8	9	10	11	12	13	14	15	16	17	18	19	20	21	22	23
불의에 맞서는 용기	○		○	○						○								○			○	○	○
지혜	○		○	○			○											○	○		○		○
타인 존중, 타인 고려		○					○	○	○							○	○	○		○		○	
배려		○		○					○					○	○	○		○					
조망 수용		○					○	○			○				○	○				○			
관용			○			○																	
정의				○						○												○	
공정				○						○		○											
예절							○	○	○									○					
연대 공동체 의식									○														
사회적 책임									○									○				○	○
평등										○		○	○										
자기 주도										○													
친절																			○				
우정	○															○	○						
비이기성																○	○			○			
친절																	○						
공감의 확장																				○			
정직						○															○	○	

덕목·역량 \ 에피소드	1	2	3	4	5	6	7	8	9	10	11	12	13	14	15	16	17	18	19	20	21	22	23
양심									○												○		
도덕 판단																				○			
도덕 민감성			○											○	○	○							
편향 극복					○						○		○										
비판적 사고력												○											
상황 판단			○								○			○						○			
도덕적 상상											○	○								○	○		
리터러시						○						○											
의사 결정				○						○	○	○						○					
도덕적 정체성			○																				
주체성			○																	○			
의사소통	○	○	○		○								○							○			
자기조절	○	○																○					

함께 읽는 어른들께 드리는 책 활용 팁!

1. 아이들과 동그랗게 앉아 돌아가며 책을 읽는다.

2. 대화체로 쓰여 있으므로 아이들이 교육 연극처럼 참여하게 한다.

3. 아이들이 등장인물에 몰입하며 낭독하게 한다.

4. 각 에피소드에서 인물들의 성격, 특징, 인성, 기분 등에 대해 함께 분석하며 이야기를 나눈다.

5. 각 에피소드 인물들을 아이들 스스로 도덕적으로 평가하게 한다.

6. 아이들이 각각의 결정 상황에서 어떤 결정을 내려야 하는지 돌아가며 이야기하게 한다.

7. 아이들 스스로 가장 도덕적이고 합리적으로 선택하게 한다.

8. 아이들 각자의 의견을 모두 모아 가장 도덕적이고 합리적인 결정을 내려 보게 한다.

9. 수렴된 의견에 관한 아이들의 견해와 이에 관한 지도 어른의 의견을 나누는 시간을 갖는다.

나만 빼고 다 잘사는 것 같아

소셜미디어

"안녕 영서야! 어서 와."

학기 초 약간 서먹한 분위기지만, 영서의 단짝 친구 미정이는 영서를 반갑게 맞이하며 오늘도 미주알고주알 이야기 한 보따리를 내려놓았다. 영서는 다른 친구들과 가볍게 인사하며 자리에 앉아 미정이의 얼굴을 바라보았다.

"마침 애들이랑 영화 이야기하고 있었어. 너도 그 영화 봤니?"

미정이는 밝고 쾌활한 성격 덕에 친구들에게 인기가 많다. 영서도 친구들과 무던히 지내기는 하지만 딱히 친한 친구가 많은 것은 아니라서 그런지 그런 미정이가 부럽기도 하다.

비교적 가까운 곳에 살고 엄마들끼리도 친구라서 어려서부터 친하게 지냈던 미정이다. 영서는 밝은 얼굴로 인사해 주고 말 걸어주는 미정이가 고맙다고 생각했다.

월요일 아침 조회 시간, 담임 선생님은 다음 주 금요일 학급임원 선거가 있으니 하고 싶거나 추천할 사람이 있다면 미리 생각해 두라고 말씀하시고 교실을 나가셨다. '학급임원 선거라…. 회장이나 부회장은 사실상 친구들의 인기 투표인데….'

영서는 선거라는 말에 엄마 얼굴부터 떠올랐다.

"영서야 반에서 선거하면 꼭 나가서 회장도 하고 그래. 생활기록부에 그런 게 있어야 원하는 고등학교나 대학 가는 데 도움 되니까, 용기 내서 꼭 해봐."

"엄마 그런데 그거 애들 인기 투표야. 다들 자기네들끼리 모여서 표 모으고 한다고."

매년 학기 초 반복되는 엄마의 말에 영서는 투덜거리며 답했다.

"미정이에게 좀 도와달라고 해봐. 넌 왜 그 애처럼 인기가 없니? 친구들하고 잘 지내라고."

항상 듣던 엄마의 뻔한 답이다.

영서는 운동장 쪽을 바라보며 생각했다. 미정이에게도, 그리고 친하지 않더라도 같은 반 친구들에게 자기를 찍어달라고 말해보고 싶지만, 실제로 표를 찍어줄 만한 사람은 없을 것 같다.

'어차피 자기들끼리만 표 주거나, 인기 있는 사람에게만 투표하니까.' 영서는 살짝 고개를 숙이며 책상을 바라본다.

여기저기 애들이 떠드는 소리가 들리지만, 자기들끼리 노는 모임에는 끼워 주려고도 하지 않는다. 영서는 어른들이 말하는 모두가 친하게 지내라는 말은 그저 잔소리일 뿐이라고 생각했다. 떠드는 무리 중에서 미정이의 얼굴도 보였다. 깔깔거리며 무언가 말하는 모습을 보면 자기와 말할 때와 전혀 다른 반응인 듯해서 영서는 솔직히 화가 살짝 난다.

엄마가 항상 말머리에 붙이는 "미정이는…"이란 말은 생각만 해도 속이 상한다. 영서는 미정이가 자기한테 인사해 주고 말 걸어주는 것은 어쩌면 단순한 인기 관리일지도 모른다는 생각을 했다.

수업이 끝나고 돌아오는 길, 영서는 그래도 뭔가 도움이 될까 해서 같이 가던 미정이에게 물어본다.

"선거하려면 친한 애들이 많아야 하잖아?"

"뭐 그렇지."

"그런데 넌 어떻게 친구들이 많아진 거야?"

영서의 질문에 미정이는 잠시 영서 쪽을 쳐다보다가 자기의 스마트폰을 보여주며 물어본다.

"흠. 너 깨톡은 알지?"

"응. 하지만 별로 할 이야기도 없고, 애들도 자기들끼리 단체방 만들어 노는 거뿐이잖아."

미정이는 별일 아닌 듯 이야기를 이어간다.

"친해지지 않으면 안 끼워 주긴 할 거야. 그럼 이건 어때? 베이스북이라는 건데, 애들끼리 서로 자기 생활 공유하고 그런 거야. 요즘은 아웃스타그램이라는 것도 유행하는데 이런 거 해봐. 아무래도 깨톡보다는 나을 거야."

집에 돌아온 영서는 스마트폰으로 베이스북에 아웃스타그램까지 설치한 후, 반 친구들의 아이디들을 찾아 이리저리 둘러보고 있다.

"어, 민지는 부모님이랑 고기 구워 먹었나 보네. 와! 한우 꽃등심 1인분에 10만 원?!"

같은 반 민지가 찍은 아웃스타그램의 먹음직한 꽃등심과 가격이 적힌 메뉴판 사진은 영서의 눈을 휘둥그레지게 만들었다. 거기에 달린 반 친구들의 댓글로 봐서는 상당수가 이 아웃스타그램이란 걸 하는 것 같다.

베이스북에도 여기저기 반 애들의 모습이 보인다. 놀이동산에 놀러 간 사진, 외국 여행 갔던 사진과 자기도 갔었다며 호응해 주는 댓글들, 딸기 뷔페에 갔던 일을 공유하는 글과 사진 등등.

그리고 여기에는 미정이도 빠지지 않았다. 비싼 브랜드의 옷을 입고 외국 여행에서 찍은 사진, 바다가 보이는 유럽의 카페에 있는 모습, 대회에 나가서 수상한 뒤 찍은 사진과 아이들의 찬사 댓글들….

엄마가 항상 하던 '미정이가 ~~~했대', '미정이는 ~~~한다는데, 너는 뭐하니'라는 말들이 떠오른다. 영서는 부러우면서, 화도 나고, 또 자기가 너무 초라하고 보잘것없다는 생각을 떨쳐낼 수 없었다. 한편으로는 부모님이 원망스럽기까지 했다.

'남들은 저렇게 잘살고 있는데, 대체 난 이게 뭐람?'

일주일이 지나자 영서의 마음은 더욱 불편해지고 조급해졌다. 엄마한테 미정이와 비교되는 것도 싫은데, 이제는 잘난 척하는 미정이도 고깝게 보인다. 요 며칠 사이 부쩍 늘어난 투정에 영서의 엄마도 응어리가 터져 나왔다.

"너 요즘 도대체 왜 그러니? 안 보던 영화를 잔뜩 보여 달라고 하질 않나, 호텔 뷔페에 데려가 달라고 떼를 부리질 않나! 비싼 옷 사달라고 조르고 말이야. 그런데 우리 형편에 그게 쉬운 게 아냐!"

"엄마가 항상 나보고 회장하라며. 좋은 대학 가려면 지금부터 그래야 한다고, 어?! 맨날 나보고 미정이는 공부도 잘하고, 인기도 많고, 귀염성도 있고 그렇다며! 엄마 말대로 애들한테 인기 있고 어울리려면 그래야 한다고. 당장 금요일 학급임원 선거도 그렇고."

"말은 바로 하자. 엄마들끼리는 어울리기 쉬운 줄 알아? 자기들끼리만 어울리려고 하고, 너 수행평가 팀 짜는데도 엄마들이 자기들끼리만 짜고 거기 끼워 주지도 않아. 네가 회장이라도 하면 다른 엄마들이 서로 하자고 달려들겠지만."

엄마도 그동안 많이 쌓여 있었던 것 같다. 화끈거리는 얼굴색이 어린 영서에게도 그대로 느껴졌다.

"그 깨톡이니 베이스북이니 그런 것도 다 그래. 뭐라도 되는 사람들끼리만 모이고, 친구 초대도 안 해줘. 네 아빠가 뭐라도 되면 그나마 나을 텐데 이젠 기대도 안 해! 끼워달라고 부탁해 봐야 잘난 사람들끼리만 서로 자랑하며 모일 뿐이니까."

엄마는 뭔가 분이 풀리지 않는 모양이다.

"네가 공부라도 잘하고 회장이라도 하면 그나마 해결될 일이야. 그런데 하라는 공부는 안 하고 요즘 매일 베이스북이니 아웃스타그램에 빠져서 사진이나 올리고 댓글이나 쓰고 다니고 있잖아. 노력 좀 해. 열심히 하라고. 그런 데 정신 빠져 있지 말고!"

영서는 눈물까지 글썽이면서도 목소리를 더욱 높였다.

"나도 노력한다고. 노오력…! 엄마가 하는 말처럼 하려고 노력한 다고! 애들하고 친해지려고, 그리고 뭔가 해보려고! 그래서 지금 이러는 거 아냐!"

엄마와 한바탕 한 후 분이 가라앉지 않았지만, 그래도 영서의 마음에는 엄마에게 뭔가 해주고 싶은 생각이 가득했다. 그러나 반 친구들의 소셜미디어를 돌아보며 아무 생각 없이 좋아요를 누르거나, 댓글을 다는 자신이 맘에 들지 않아도 차마 손을 뗄 수가 없었다. 시간을 많이 쓰고, 굳이 하고 싶지 않은 말들을 똑같이 적어놓고 보니 솔직히 억지로 하는 일에 물려버릴 것 같은 생각도 들었다.

'소셜미디어로 애들이 서로 몰려다니는데, 이렇게라도 안 하면 친해지기 힘들어. 나도 회장되고 싶어. 엄마가 원하는 거 해 주고 싶어.'

하지만 매시간 계정에 사진을 올리고, 친구들 계정에 방문해서 좋아요를 눌러 주고, 조회수와 댓글 신경 쓰는 일도 질리는데, 다른 친구들의 글과 사진을 보며 자신과 비교하는 것은 영서에게 있어 스트레스가 심한 일이었다. 그러다 문득 이런 노력이 정말 의미가 있을까 하는 허망함이 몰려왔다.

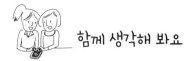
함께 생각해 봐요

1. 소셜미디어를 통해서 영서가 얻거나 하고 싶었던 일은 무엇일까요?

2. 소셜미디어는 영서에게 필요한 일들을 해결해 주었나요? 만약 그렇다면, 혹은 그렇지 않다면 왜 그랬을까요?

3. 친분이나 우정은 어떻게 생기고 쌓이게 되는 것일까요? 인기와는 어떻게 구별할 수 있나요?

4. 인기가 '많다/적다'는 '옳다/그르다'와 어떻게 구별될까요? 그러한 구별이 실제 생활에서도 마찬가지로 적용되고 있나요?

5. 영서와 친구들 사이 혹은 가족들과의 관계에서 거리낌이 생겼다면 그 원인은 어디서 찾을 수 있을까요? 만약 그 원인이 소셜미디어의 성격과 관련이 있다면 그 성격은 무엇이며, 우리가 염두에 두고 조심해야 할 점은 무엇일까요?

오늘날 아이들에게 소셜미디어는 공기와 같이 친근하고 당연한 환경으로 다가오고 있습니다. 소셜미디어 안의 자녀의 삶은 부모 입장에서 바라볼 때 한층 더 무게감 있게 다가올 수밖에 없습니다. 아이들은 "SNS를 할 때는 재미있고 시간 가는 줄 몰라요. 그냥 아무 생각도 걱정도 없고 그저 즐거워요. 스트레스가 없죠."와 같이 표현하기도 합니다.

그러나 이러한 상황이 지속되면 소셜미디어와 현실과의 차이에서 오는 갈등, 불만 그리고 학업 지장과 같은 문제 등이 발생하고, 이에 따른 부모님과의 갈등이 증폭되기도 합니다. 많은 어른이 SNS 사용 조절을 시도해 보지만, 아이들은 이미 SNS를 삶의 일부로 인식합니다. 지나치게 의존하는 습관을 유지하게 되고, 인기를 좇으며, 단발적인 관계에 더욱 매몰되게 됩니다.

어른들은 아이들과 함께 이야기를 읽고 서로의 생각과 감정을 나눔으로써 아이들이 이 상황을 보다 객관적으로 바라볼 수 있도록 도울 수 있습니다. [함께 생각해 봐요]의 질문들을 나누면서 아이들이 깊고 진지한 관계를 형성하기 위한 힘을 키워 주고, 삶의 당위성에 대해 생각해 보도록 도울 수 있을 것입니다.

결과적으로 아이들에게 진정한 자신의 모습을 찾는 도덕적 힘을 키워주어 부정적인 영향으로부터 견디어 낼 수 있는 능력을 향상시키고, 인생을 진취적으로 살아가는 데 필요한 동기를 부여할 것입니다.

노래 부르는 게 뭐가 문제야?

자유의 범위

학급임원 선거를 며칠 앞둔 어느 날!

선거운동 덕분인지는 몰라도 친구들 간에 대화가 많아진 듯하다. 아니, 좀 더 부드러워진 분위기랄까? 그러면서도 소란스러운 듯한 분위기 같은…. 창문 밖에는 찌르레기 몇 마리가 나뭇가지에 앉아 지저귀고 있다.

그런데 잠시 후 교실 한구석에서 다투는 소리가 들리기 시작했다.

"그러니까 내가 시끄럽게 크게 불렀냐고!"

"아니, 네가 불러대니까 자꾸 다른 애들도 부르는 거 아냐. 그 노래 좋아하지도 않는데…."

민배 목소리가 들리는 걸 봐서는 어제 영어 수업 이후로 부르던 노래 때문에 그런 듯싶다. 자기가 아는 간단한 영어 노래를 신이 나서 부르기 시작한 것 같은데 다들 꽤 신경 쓰였나 보다.

요즘 너튜브에 유행하는 노래였다. 간단한 노래지만 몇 번 듣다 보면 그냥 따라 하게 되는 아주 중독성이 심한 노래였다. 민배가 어제 영어 수업 이후부터 계속 흥얼거리고 있었다.

"아이 해브 어 쿠키~♪, 아이 해브 언 애플~♪ …"

민배 뒤에 있던 경만이가 눈을 찌푸리며 한마디 한다.

"그만 불러라, 쫌!!"

고개를 돌린 민배가 경만이를 잠시 바라보다 한마디 한다.

"좀 부르면 어때서 그래? 시끄럽게 부르는 것도 아닌데 말이야."

반 친구들이 그 주변을 바라보고 있었다. 몇몇은 민배를, 몇몇은 두 사람이 있는 방향을, 그리고 일부는 민배와 경만이를 번갈아 보고 있었다. 점점 목소리가 커지는 경만이에 맞서 민배의 목소리도 커지기 시작했다.

"그냥 그만 좀 부르라고. 어!"

"노래 부르는 게 뭐가 문젠데? 내가 고래고래 소리 지르면서 부르기라도 했어? 내가 노래 부르고 싶어서 부르는데 뭐가 문제냐고!"

그 말은 맞는 말이었다. 그렇게 크게 부른 것도 아니고, 쉬는 시간에 노래를 부르는 것도 문제가 되지는 않을 것 같다. 사실 책을 읽고 있던 영서는 잘 들리지 않는 민배의 노랫소리보다는 둘이 다투는 소리가 더 귀에 거슬렸다.

"듣기 싫으면 싫은 거지 뭘 말이 많아!"

"글쎄, 내가 노래 부르는 게 뭐가 문제냐고? 그건 내 자유라고."

"노래 부르는 게 네 자유라면 난 안 들을 자유가 있는 거야, 알아?"

눈은 책에 가 있지만 영서의 귀는 둘이 다투는 소리를 잡고 있었다. 틀린 말은 아니다. 사실 민배가 큰 소리로 노래를 부른 것도 아니고 그냥 흥얼거린 거 아닌가? 물론 경만이가 말하듯 안 들을 자유가 있긴 하겠지만, 학급 규칙에 어긋나는 것도 아니고 다른 사람에게 심하게 방해가 되거나 위험한 장난이 아니면 문제될 것 없지 않은가? 영서는 잠시 아랫입술을 살짝 오므렸다.

"문제는 네가 부르는 노래잖아. 너 때문에 자꾸 머릿속에서 그 노래가 떠오르고 나도 모르게 따라 하고 있잖아. 난 그 노래 별로 좋아하지도 않는데 말이야!"

경만이의 말이 끝나자 민배 옆에 있던 예민이가 불쑥 한마디 거들었다.

"사실 나도 따라 하게 되더라. 따라 하게 되는데 짜증 나긴 해."

예민이의 말에 주변의 여자애들 몇몇도 고개를 끄덕였다. 그중 누군가가 "그래, 맞아. 영어 발음도 안 좋아서 더 짜증 나."라며 맞장구를 쳐주었다.

"그게 내가 부른 거야? 그냥 네가 알아서 따라 부른 거잖아. 내가 시킨 것도 아니고!"

"네가 자꾸 흥얼거리면서 부르니까 따라 부르게 되는 거잖아."

그렇다. 사실 저 노래는 몇 번 듣기만 해도 따라 부르게 되는 묘한 중독성이 있다. 영서도 가끔 머릿속에 떠올라서 종종 잊으려고 다른 노래를 계속 불러댄 적이 있기는 하다.

어떻게 보면 짜증 나는 노래긴 하다. 영서도 그 노래는 꽤 신경 쓰이긴 했다. 좋아하는 것도 아닌데 말이다. '하긴 민배 근처 아이들도 따라 부르기 시작했다면 나라도 화를 내긴 하겠지.' 영서는 책을 내려놓고 다툼이 있는 쪽을 바라보았다.

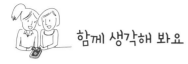
1. 민배가 부르는 노래의 어떤 부분이 경만이와 친구들의 신경을 돋우고 있었는지 구체적으로 생각해 봅시다.

2. 나에게 좋은 것이라도 왜 다른 사람에게는 강요가 될 수 있을까요? 왜 강요당하면 사람들은 불편하거나 화가 나는지 생각해 보고, 이러한 다툼은 어떻게 피할 수 있을까 이야기해 봅시다.

3. 경만이와 주변 친구들과는 달리 영서는 오히려 경만이의 소리를 더 거슬려 하고 있습니다. 영서가 불편해하는 것이 무엇일지 구체적으로 추측해 봅시다.

4. 경만이는 자기의 생각이나 요구를 민배에게 어떻게 말해야 했을까요? 또 민배는 어떻게 받아들여야 했을까요?

5. 민배와 경만이는 지금 각각 어떤 기분일까요?

6. 민배와 경만이에게 아쉬운 점은 무엇일까요?

7. 의도하지 않았다고 하더라도 상대방에게 혹은 나에게 강요되고 있을 때 어떻게 대처하겠습니까?

함께 읽는 어른들에게

자유는 소중한 가치입니다. 그러나 아이들에게 자유의 의미에 대해 깊이 생각을 나눌 기회는 많지 않습니다.

이번 에피소드에서는 첫째, 아이들과 함께 자유란 무엇인지, 이것이 우리의 삶에서 왜 중요한지 그리고 나의 자유와 너의 자유가 어떻게 공존할 수 있는지 등에 대해 이야기를 나누어 보시기 바랍니다. 둘째, 등장인물 각각이 느끼는 감정, 정서에 대해서도 진지하고 깊이 있게 이야기를 나누어 보시기 바랍니다.

아직 미성숙한 아이들은 자기 위주로 판단하고 생각하며, 다른 사람을 향한 배려가 충분치 못할 때가 많습니다. 또한 자신의 의견이나 생각을 전달하는 데 익숙하지 못해 서로 간에 충돌이 발생하거나, 원하지 않더라도 다른 사람의 생각을 따라가는 모습을 보여줄 수 있습니다.

아이들이 이성적인 측면에서뿐만 아니라 정서적으로도 성숙해지기 위해서는 자신과 타인의 정서, 감정에 대한 이해를 할 수 있는 '타인의 입장 되어 보기' 및 '자신을 객관적으로 보기'의 경험과 훈련이 필요합니다.

아무나 뽑으면 어때?

선거의 의미

학급임원 선거가 다가오고 있다. 그새 깨톡 단체 채팅방이나 일대일 채팅방으로 많은 메시지가 날아오고 있었다. 다들 꽤 열심이다.

아마 고등학교, 대학교 입시까지 생각해서 더 열심인 듯하다. 학생부 기록이 중요해질수록 내신이라는 학교 성적뿐만 아니라 학교 내의 활동이나 추천서 등에 반 친구들은 더 예민하고 치열하게 반응했다.

영서는 아직 충분히 이해되지 않았지만, 이제는 엄마 말처럼 공부 잘하고 성실히 생활하는 것만으로는 부족하다는 걸 새삼 느낄 수 있었다.

영서는 스마트폰에서 이것저것 열어보기 시작했다. 인사말과 안부를 묻는 대화창이 여기저기 보인다. 그중에는 특히 눈에 띄는 대화창도 몇몇 보였다.

"그 애 전에 반 친구들하고 사이가 안 좋았대. 잘난 체를 많이 해서 다들 무시했다더라."

"그래, 맞아. 나도 같은 반이었는데 잘난 체를 많이 해서 애들 사이에서 말 많았어."

"그래?"

"맞아, 맞아. 나도 들었어."

대개 이런 대화들이 이어졌다. 작년에 다른 반이었기 때문에 영서는 그 애에 대해 잘 알지는 못했다. 하지만 친구들 반응은 그쪽으로 쏠리는 듯하다. 꽤 많은 애들이 이에 동의를 표하는 것 같았다.

'그런가? 일단 피해야 하나? 애들이 다들 그렇다고 하니 괜히 같이 놀 필요는 없겠지?'

영서는 별생각 없이 자기가 초대된 또 다른 단체 채팅방에 들어가 봤다.

"이번에 ○○ 뽑아주면 아이스크림 사준대."

"그런데 △△를 뽑아주면 햄버거 세트 메뉴 쏜다는데?"

"그래? 그러면 ○○하고 △△한테 각각 뽑아줬다고 하고 둘 다 얻어먹으면 되는 거야?"

"ㅋㅋㅋㅋ"

"ㅎㅎㅎ"

플래카드나 선거 문구들이 많이 보이는 요즘이지만, 임원 선거에 안 나가는 친구들의 잡담방에는 주로 이런 이야기로 채워져 있었다. 그때 종이 울리면서 담임 선생님이 들어오셨다.

"자자 조용! 지금부터 학급임원 선거를 하겠어요."

웅성거리던 애들을 조용히 시키며 선생님은 각각의 학급위원으로 나오고 싶은 사람이나 추천하고 싶은 사람이 있다면 말하라고 하셨다.

"저요~"

"저요!"

영서도 손을 들면서 도서위원을 하겠다고 말했다. 도서관 봉사와 학급 도서 관리를 하는 일이었고, 지원하는 사람이 없어서 영서가 그대로 맡게 되었다.

이런저런 위원들의 임명이 거의 완료되고, 본격적으로 회장과 부회장 지원자들의 연설 시간이 되었다.

"제가 회장이 되면 반을 위해…."

후보들이 한 명 한 명 연설하기 시작한다. 연설 동안 영서는 잠시 주변을 둘러보며 친구들의 반응을 살펴봤다. 깨톡은 시끄러웠지만, 실제 연설에는 딱히 호응이 없는 듯하다. 뒤의 친구와 장난을 치거나, 혼자서 뭔가 바라보고 있거나, 그냥 창밖을 보는 친구들도 많이 보였다.

그러나 후보 중 하나인 지우가 이야기를 시작하자 분위기가 조금 달라졌다.

"저는 이번에 회장 후보로 나선 김지우라고 합니다. 저는 여러분께 재미난 이야기를 해드리려고 합니다."

애들이 멈칫거리다가 연설하는 지우에게 집중하기 시작했다. 두리번거리던 영서도 분위기를 느끼고 앞을 바라보았다. 좀 전의 어수선한 분위기는 전혀 찾아볼 수 없었다.

"프랑스에는 지베르니 인상파 미술관이 있는데요, 인상파 기법의 창시자이자 거장인 모네가 여생을 보낸 집이기도 합니다."

처음 듣는 이야기면서 멋있는 내용인 듯한 이야기로 지우가 운을 띄웠다.

"인상파가 새로운 방향을 제시하여 현대미술의 꽃을 피운 것처럼, 저도 이 학급에 새로운 방향을 제시하겠습니다!"

"와~ 말 잘하는데?"

"아는 것도 많은 것 같은데?"

"다른 애들보다 훨씬 재미있다."

"쟤나 찍어주자."

후보들의 연설 동안 친구들의 목소리는 한껏 들떠 있었다. 제일 반응이 좋았던 지우의 연설은 인상파 미술에 대한 무언가를 말하는 것 같기는 했지만, 사실 그 외에 다른 이야기는 없었던 것 같았다. 영서가 고개를 갸우뚱 기울였다.

"재미있기는 한데… 그래서 뭘 한다는 거지?"

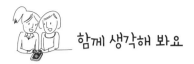

함께 생각해 봐요

주변 사람들의 의견이 어느 한쪽으로 쏠릴 때 그와 반대로 자신이 옳다는 생각을 굳게 지키는 일은 쉽지 않습니다.

다수의 의견과 다르다는 이유로, 다른 생각을 가진 사람을 비난하거나 심하게 배제할 때는 특히 그렇습니다.

우리가 민주시민으로 성장하기 위해서는 어떤 덕목과 자질이 필요할까요? 또 다수의 의견에 동조하는 일을 막기 위해 필요한 지혜와 바른 마음은 무엇이고, 이를 어떻게 기를 수 있을까요?

1. 학급임원 선거에서의 유세(자신의 의견을 선전함)를 들을 때 어떤 느낌이 들었나요? 친분이나 외모, 재미, 선물, 혹은 인기를 기준으로 투표한 적이 있나요?

2. 반을 위해 일한다는 것은 무슨 의미가 있을까요? 왜 반을 위해 일한다는 것이 책임과 능력, 그리고 소신을 필요로 할까요?

3. 만약 내가 영서나 혹은 다른 친구들이라면 어떤 기준으로 투표를 하겠습니까? 또 내가 후보이거나 혹은 채팅방의 친구라면 어떻게 말하고 행동할지 생각해 보고, 이유도 고민해 봅시다.

4. 만약 다른 기준을 가진 친구가 자신과 같은 기준을 가지고 투표하라고 요구한다면 어떻게 답하고 행동할 건가요? 그리고 어떤 기분이 들까요?

5. 대표를 뽑는 투표자는 어떤 책임과 의무를 지니게 될까요? 이는 우리의 삶에서 왜 강조되며 어떤 의미를 지닐까요?

함께 읽는 어른들에게

아이들에게는 도덕적 인간으로 자랄 뿐만 아니라 덕을 갖춘 시민으로의 성장이 요구됩니다. 우리 사회의 구성원, 나아가 세계시민으로써 아이들의 인격이 발달하도록 하려면 인지적, 정의적, 행동적 차원의 성숙이 요구됩니다.

모릿센P. Mouritsen과 예거A. Jaeger는 좋은 시민을 위한 가치, 덕, 정체성, 지식의 영역 요소를 제안했습니다. 덕을 갖춘 민주시민이 되기 위해 요구되는 가치는 무엇인지, 어떠한 덕이 요구되는지, 바람직한 정체성은 어떤 것인지, 획득해야 할 지식은 무엇인지 아이들과 함께 이야기 나누어 보시기 바랍니다.

본 에피소드를 통해 아이들이 '더불어 살아가는 삶', '성숙한 자유민주시민', '덕 있는 시민', '현명하고 덕 있는 세계시민'으로의 자질을 갖추기 위한 작은 걸음을 뗄 수 있도록 돕기를 바랍니다. 교실이라는 작은 공간은 우리 사회의 단면이기에, 아이들이 학급 선거가 갖는 여러 의미를 곱씹어 볼 수 있도록 차근차근 제시된 질문들을 나누어 보시기 바랍니다.

이럴 땐 다수결이지!

의사 결정 방식

학급임원 선거가 끝난 다음 날 학급회의 시간, 교실 문에서 노크 소리가 들렸다. 담임 선생님은 전화 때문에 잠시 학년연구실에 계신 상태였다.

"배달 왔습니다!"

"와~!"

순간 아이들은 환호성을 질렀다. 이번에 회장이 된 친구의 엄마가 한턱내는 듯하다.

우리 반은 28명이고, 피자는 큰 것으로 7판이 배달왔다. 더불어 음료수도 친구들 수만큼 캔으로 온 모양이다.

맛있는 피자 냄새에 따스함까지 곁들여진 것을 보니 근처의 피자 가게에서 바로 온 듯했다.

"우리 반이 스물여덟 명이니까 두 개씩 나눠 먹으면 되려나?"

먹는 것 좋아하는 민배가 한마디 던졌고, 경만이가 맞장구쳤다.

"그렇지. 피자 한 판이 여덟 조각인데 일곱 판이니까… 전체는 쉰여섯 조각. 그러니 두 조각씩 나눠 먹으면 딱 맞지."

"표도 줬는데 피자 말고 햄버거 세트 같은 걸로 해야 하는 거 아니야? 우리 입이 좀 비싼데 말이야."

"야! 그냥 주는 대로 먹어. 뭔 말이 많아."

아이들의 장난스러운 불평을 듣는지 마는지, 회장은 교실 앞쪽에서 배달 온 음료수의 수를 세고 있었다.

"열 개, 열 개, 다섯 개, 그리고 네 개. 어? 그런데 음료수는 스물아홉 개네?"

"…"

회장의 얼굴에서 잠시 표정이 사라졌다.

반 친구들 모두 순간 교탁 쪽에 서서 음료수를 세던 회장을 쳐다보았다. 회장은 꽤 난처한 표정이었다. 부회장인 민식이가 회장에게 물어보았다.

"예지야. 왜 그래?"

"수가 안 맞는 것 같은데? 어쩌지?"

"뭔데 그래?"

"우리 반 학생 수가 모두 스물여덟 명이잖아?"

"그렇지. 피자는 둘씩 나눠 먹으면 되니까."

"그런데 선생님 것은 어떻게 하지?"

"그러게. 선생님 것까지 생각하면 피자 수가 안 맞는데…."

민식이도 난처한 표정을 지었다. 지켜보던 민배가 한마디 한다.

"선생님 것은 따로 챙기셨겠지. 뭘 걱정해? 어서 먹자."

"그런데 음료수는 스물아홉 개라 아무래도 선생님 것까지 포함해서 배달이 온 것 같단 말이야."

회장의 답변에 경만이가 한마디 거든다.

"아마 단체 배달이라 서비스로 하나 더 줬나 보지?"

'그럴싸하네.' 경만이의 말에 영서도 속으로 고개를 끄덕였다.

"그래도 선생님 걸 먼저 챙긴 다음에 말씀드리고 먹어야 하지 않을까? 어른들에게 먼저 알리는 게 예의 같은데…."

'회장의 말도 맞는 것 같긴 한데….' 영서도 같은 생각이었다. 명절마다 친척들이 모일 때 부모님께서 그렇게 말씀하신 것이 기억났다.

무슨 일이 있거나 먹을 것이 있으면 먼저 어른들께 알리고 드리는 것이 예의라고 하셨다.

'그런데 그건 할머니나 할아버지한테 그러는 거 아냐? 선생님께도 꼭 그래야 하나?'

영서가 이런 생각을 하는 동안 회장이 한 가지 제안을 한다.

"어떻게 할까, 애들아. 나는 선생님 것을 먼저 챙기고 나머지 부분을 어떻게 나눌지 결정해야 한다고 생각하는데…."

그러자 교실 한쪽에서 누군가 되물었다.

"이거 반 전체가 나누어 먹는 거 아니었어? 내 생각에는 회장이 일방적으로 결정하는 것보다는 반 애들 의견을 모아서 정해야 할 것 같은데?"

"맞아, 그냥 다수결로 하자."

일부 애들은 교실 한편에서 다수결로 정하자고 말했고, 나머지는 이 장면을 그냥 바라보면서 조용히 침묵을 지키고 있었다.

영서는 잠시 갸우뚱했다.

'회장 엄마가 사주신 거니까 회장 엄마나 회장이 선택하는 것도 맞는 것 같고, 애들에게 나눠 먹으라고 하신 거니 애들이 정해도 될 것 같기도 하고….'

그러면서도 한쪽으로는 다른 의문이 생기기도 했다.

'그래도 선생님이나 웃어른을 생각하고 챙겨드리는 건 좋은 일 아닌가? 굳이 이런 걸로 번거롭게 회의나 다수결로 정해야 할까? 아니… 어쩌면 애들 말이 맞는 걸까? 다수결이든 뭐든 우리가 정하는 의견이 더 우선일까? 그냥 그 결정된 의견을 따르는 것이 나을까?'

아무래도 영서에게는 어려운 일이었다. 영서 혼자만의 결정이라면 스스로 정하면 그만이지만, 여러 사람이 관련되면 결정이 쉽지 않은 듯싶다.

함께 생각해 봐요

1. 여러분이 이 상황이라면 어떤 결정을 내릴 것 같나요? 다수의 의견을 따르고 싶은가요, 아니면 회장 개인의 의견을 따르고 싶은가요? 이유에 대해서도 생각해 보세요.

2. 교실에 배달 온 피자와 음료는 투표의 대가라고 볼 수 있을까요? 만약 그렇다면, 또는 그렇지 않다면 우리는 어떻게 생각하고 받아들여야 할까요?

3. 혼자 결정하는 것은 반드시 나쁘고 다수가 결정하는 것은 반드시 좋을까요? 의사 결정 방식과 그로 인한 결과 중 어느 것이 더 중요하며, 그 이유는 뭐라고 생각하나요?

4. 과정과 결정에 있어 항상 통하는 원칙이 있을까요? 만약 있다면 그것은 어떤 원칙이 되어야 할까요?

함께 읽는 어른들에게

다수결은 의사 결정 방식에 있어 가장 빈번하게 사용되는 방법입니다. 하지만 다수가 선택했다고 해서 그 결정이 반드시 올바른 결정은 아닐 수도 있습니다. 아이들과 함께 단체 생활, 즉 사회생활에서 가장 적합한 의사 결정 방식은 무엇인지, 그러한 의사 결정 방식이 갖는 장점과 단점은 무엇인지 이야기를 나누어 보시기 바랍니다.

본 에피소드는 아이들에게 사회 구성원으로서 무엇인가 결정을 내린다는 것의 의미와 중요성, 그리고 그것을 위한 적합한 방법이 무엇인가에 대해 생각해 보는 계기가 될 것입니다.

이러한 과정을 통해 공동체 안에서의 의사 결정이라는 중요한 과제에 대해 깊이 성찰하는 기회를 얻을 것입니다. 아울러 타인 존중의 필요성, 중요성, 방법에 대해서도 함께 이야기 나누어 보시기 바랍니다.

이제 와 양보하라니! 왜 줬다 뺏어?

분명한 의사소통의 중요성

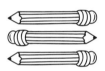

"너 혹시 이 연필 가질래?"

예진이가 연필 몇 자루를 든 채 도경이에게 말을 걸고 있었다. 영서도 벌써 예진이에게 연필 몇 자루를 받았다.

학년이 올라가면서 샤프나 볼펜을 더 많이 쓰게 되어 연필이 남아돌기는 한다. '연필이 많이 남아서 친구들에게 나눠주는 걸까?' 영서는 예진이 쪽을 바라보며 잠시 갸우뚱했다.

"그래? 그럼 나 다 줘."

도경이는 그 말과 함께 예진이가 들고 있던 연필 서너 자루를 단숨에 낚아채어 갔다.

"어? 어…"

예진이는 잠시 당황한 표정을 보이다가 그냥 살짝 미소를 지었다.

영서는 예진이에게 말을 건넸다.

"예진아."

"어?"

"집에 연필 많이 남아?"

"꼭 그런 건 아냐. 왜?"

"요즘 연필 나눠주는 걸 자주 본 것 같아서. 왜 그러나 했지."

예진이는 영서 얼굴을 잠시 바라보다 살짝 미소를 지으며 답했다.

"내가 좋아서 하는 거지 뭐."

"그렇구나. 애들한테 연필 많이 나눠 주길래, 나는 연필들 정리하나 싶어서…."

"연필이 좀 있기는 하지만 넘치는 정도는 아니고…. 그냥 그거 받고 좋아하는 애들 보면 나도 좋더라고. 뭐라고 설명은 못하겠지만."

"어, 그래?"

영서는 고개를 살짝 끄덕였다. 영서도 종종 다른 사람들이 기뻐하는 모습을 보면 뿌듯함을 느끼거나 같이 기뻐하곤 했기 때문이었다.

영서는 '나만 그런 게 아니구나.'라고 생각하며, 한편으로는 다른 사람들도 그럴 수 있다는 생각에 안도감 같은 것도 들었다.

"예진아. 어제 내가 말했던 연필은?"

지애가 예진이 쪽으로 다가오며 말했다. 지애는 스티커 몇 장을 손에 쥐고 있다. 만화영화에 나오는 캐릭터 스티커였다.

"아…. 그 만화영화 캐릭터 있는 연필들?"

"그래. 너한테 있다고 해서 내가 어제 부탁했잖아. 이 스티커랑 바꾸기로."

"아, 맞다! 그랬지."

"어… 그 연필 도경이 줬어?"

"아, 잠시 잊고 있었어."

지애의 말에 예진이는 비로소 자신이 한 약속이 생각난 듯하다. 지애의 시선은 도경이의 연필 쥔 손에 가 있었다. 그 연필 중 두 개는 지애가 가진 스티커와 같은 만화 캐릭터 장난감이 달려 있었다.

예진이가 잠시 주춤하다가 도경이에게 말했다.

"저기 도경아…. 그 연필 중에서 만화 캐릭터 있는 거 두 개 지애한테 좀 줄래?"

"내가 왜?"

도경이가 퉁명스럽게 말했다.

"거기 만화 캐릭터 있는 거 원래 지애한테 준다고 했던 거거든. 지애가 그 만화 좋아해서 내가 준다고 약속했어. 스티커랑 바꾸기로"

"네가 줬잖아! 줬다 뺏는 거야?"

도경이는 양보할 생각이 없어 보였다.

"난 딴 연필 주려고 했지."

"그런데 아까 가져갈 때는 아무 말도 안 했잖아."

그렇다. 영서가 기억하기에 도경이가 연필을 가져간 후에 예진이가 별다른 말을 하지는 않았다. 물론 갑자기 연필을 낚아채듯 가져가면서 고맙다는 인사도 제대로 하지 않아 기분이 상했던 것처럼 보이기는 했지만 말이다.

지애가 중간에 끼어들었다.

"그거 어제 나한테 주기로 약속한 거야."

"내가 왜 줘야 하는데?"

"어제 예진이가 나한테 주기로 약속한 거라고. 나는 스티커 주고."

"내가 알 게 뭐야. 그건 너하고 예진이하고 약속이지, 나랑 한 약속은 아니잖아."

세 사람의 대화를 들으며 영서는 생각했다. '그렇긴 하지. 약속은 도경이랑 한 게 아니긴 하지.'

지애가 도경이와 옥신각신하는 동안 민배와 경만이가 자기 자리에 돌아와 있었다.

"야, 그냥 지애한테 줘라. 쪼잔하게시리."

"넌 또 뭔데 상관이야?"

민배가 던진 말에 도경이는 기분이 상한 듯했다. 도경이가 톡 쏘아붙이자 경만이가 거들었다.

"연필 때문에 그러는 거 쪼잔해 보이긴 해."

"그러지 말고 지애 스티커랑 그 연필이랑 교환하면 어떨까? 네가 양보해서 말이야."

냉기가 흐르는 분위기에서 영서가 한마디 했다. 도경이는 상기된 얼굴로 영서를 바라보며 말했다.

"나도 그 만화 좋아하거든. 그리고 이 연필은 요즘 안 나오는 거란 말이야."

"그럼 너도 지금 사정을 대충 알 테니까 두 자루 중에 하나라도 지애한테 양보하는 건 어때?"

"이젠 내 건데 왜 내가 양보해야 돼?"

듣고 있던 지애가 다시 한마디 했다.

"넌 두 개나 있잖아. 하나 주는 게 뭐가 대수라고 양보도 못해? 그냥 양보하라는 것도 아니고 스티커랑 바꾸자는 건데. 너무 이기적인 거 아냐?"

눈을 찡그리며 도경이가 다시 되물었다.

"이기적이라고? 많이 가지면 무조건 양보해야 하는 거야? 그리고 네가 뭔데 나한테 양보하라고 강요하는 건데?"

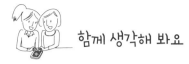

함께 생각해 봐요

친구를 사귀는 일은 누구에게나 소중하고 값진 경험입니다. 하지만 호의를 베풂에도 불구하고 작은 잘못, 실수, 오해 등으로 종종 친구들과 곤란한 일이 생기거나 다툼이 발생할 수 있습니다.

한편 사람들 간의 교류는 다양한 방법으로 이루어집니다. 그러다 보면 잘못 생각하거나, 잊어버려서 곤란한 일이 생기기도 하고, 다툼이 발생하기도 합니다. 그럴 때 여러분들은 어떻게 그 문제들을 해결해 왔나요? 또 이같은 상황이라면 여러분들은 어떻게 해결하시겠습니까?

1. 친구에게 호의를 베풀던 예진이에게 생긴 곤경은 어디서부터 비롯되었을까요?

2. 예진이는 도경이에게 연필을 준 것이라고 할 수 있나요? 예진이의 어떤 행위 때문에 그렇다고 혹은 그렇지 않다고 판단했나요?

3. 이러한 혼란을 막으려면 예진이가 어떻게 해야 했을까요? 친구들에게 호의를 베풀 때, 베푸는 사람이나 받는 사람 각각 어떤 마음과 태도가 필요할까요?

4. 예진이가 자신의 의사를 제대로 말하지 못한 것은 무엇이 부족했기 때문일까요? 거절하지 못하거나 자신의 의사를 제대로 밝히지 못하는 것은 예진이가 착하기 때문일까요? 호의나 도덕적 행위에 있어 왜 이것과 함께 제대로 된 의사소통이 필요할까요? 본 에피소드를 중심으로 토론해 봅시다.

함께 읽는 어른들에게

누군가 좋은 의도로 어떤 행동을 할 때, 종종 원치 않는 방향으로 일이 전개되기도 합니다. 특히나 잊어버리거나 착오로 인해 일이 곤란해진다면 차라리 안 하느니만 못한 난감한 상황이 벌어지기도 합니다.

일생에 종종 있을 수 있는 이런 상황에서 아이들이 상처받지 않고 회복하여 더 강하게 성장할 수 있으려면, 부모님과 선생님들이 합리적인 사고와 근거 제시, 타협점 찾기뿐만 아니라 그 과정에서 느끼게 될 '감정'을 다루는 법을 배우도록 도와야 합니다. 또한 이해관계를 넘어 이타심, 아량 그리고 관용을 배울 수 있도록 도와주어야 할 것입니다.

머리로는 이해하기 쉬울 수 있으나, 실제 이러한 마음의 자세와 태도를 갖고 실천하는 데는 많은 연습과 용기가 필요합니다. 함께 읽는 어른들의 적극적인 격려가 절실하게 요구됩니다.

넌 우리랑 틀리잖아!

다른 것과 틀린 것

"야~ 드디어 너도 샀구나!"

"어제 엄마한테 부탁해서 백화점에서 샀어."

교실 한쪽에서 떠드는 소리에 이제 막 등교하여 자리에 앉은 영서는 눈을 뗄 수가 없었다. 경재와 채림이가 주앙이 자리 주변에 서 있었고, 모두 같은 옷을 입고 있었다. 이후 한준이가 들어오면서 그쪽은 다시 시끄러워졌다.

"한준이 왔나? 이거 봐봐. 주앙이도 이제 사우스페이스 옷 사 입었다~"

같은 옷을 입은 한준이도 교실에 들어오면서 이들과 친근히 손 인사를 했다.

"오! 멋진데. 우리 모두 사우스페이스로 깔 맞춤하는 거야?"

응? 영서는 가벼운 외마디 소리를 냈다.

저 애들은 한준이를 중심으로 자기들끼리 모여 노는 그런 부류다. 한준이가 중심이 된 건 그 애 아버지가 판사이기 때문이라고 한다. 한준이도 그걸 자랑하고 싶었는지 학교에 자기 아빠가 집에서 쓰던 종이를 굳이 가져와 자랑하곤 했다. '하긴 그 애 엄마도….' 영서는 엄마가 해줬던 말을 떠올리며 쓴웃음을 지었다.

"이야! 이제 우리 정의파가 완성되는 거야?"

채림이의 깔깔거리는 소리에 영서의 눈이 살짝 찡그려졌다. 한준이네 아빠가 판사이니 자신들도 정의롭다고 말하며 노는 애들이라 무시하려고 하지만, 항상 들을 때마다 눈살이 찌푸려지는 건 영서로서도 어쩔 수가 없었다.

아무튼 네 명이 모두 같은 옷을 입으니 무슨 팀 같긴 했다. 그러고 보니 농구 클럽이나 다른 과외활동도 함께한다고 들었다.

영서는 옆쪽에 앉아 있던 우식이에게 물어보았다.

"우식아, 너도 쟤들 다니던 농구 클럽에 다닌다고 하지 않았어?"

"으응…."

우식이가 왠지 힘 빠진 목소리로 답했다.

"왜? 저번에 같이 클럽에 다닌다고 들은 것 같아서."

"다니긴 하는데, 뭐… 그냥 같은 클럽인 거지."

"왜? 안 끼워줘?"

"그렇지 뭐. 클럽에서 가끔 조별로 연습할 때 날 바라보는 눈빛들이 싸해서 말이지."

우식이는 창가 쪽을 보면서 말했다.

"아무래도 나는 사우스페이스가 없으니까."

"그건 뭔 소리래?"

"며칠 전에 클럽에서 팀 짜서 연습하는 게 있었는데, 나는 사우스페이스 없다고 안 끼워주더라고. 자기들하고 틀리다고."

"틀리다고? 며칠 전이라면 주앙이도 안 입고 온 거 아니었어?"

영서가 주앙이 쪽을 바라보며 말했다. 영서의 기억에 주앙이가 그 옷을 입고 온 것은 오늘이 처음인 듯했기 때문이다.

"주앙이는 같은 아파트에 사는 데다가 정의파라면서 괜찮다고 하는 거겠지."

한준이와 그 네 명은 부모들도 자기들끼리 친목을 도모하며 따로 지내는 듯했다. '자기네들끼리 모여 노는데 굳이 이래라저래라 할 수는 없는 거겠지.'

오전 수업이 끝난 후 점심시간이 됐다. 친구들은 모두 급식실에서 음식을 받고 자리를 잡기 시작했다.

급식실에 들어오는 순서가 반마다 정해져 있기는 하지만, 공사를 하고 있어서 아무래도 자릿수가 부족했다. 가끔 늦게 먹는 친구라도 있으면 자리가 날 때까지 서서 기다려야 했다.

그런데 사우스페이스로 맞춰 입은 정의파 쪽에 무슨 소동이 있는 듯하다.

"아니, 거기 왜 못 앉게 하는데?"

"거기 한준이 자리라니까!"

급식실이 붐비는 까닭에, 자리 하나를 두고 민배와 경재가 다투고 있었다.

"급식실에서 자리 맡는 게 어디 있어? 가뜩이나 자리 맞춰서 앉는 건데."

"그냥 좀 기다렸다가 남는 자리 가면 되잖아!"

채림이가 퉁명스러운 목소리로 경재 편을 들어주었다.

"한준이나 그러라고 해. 왜 나한테 그러라고 하는데?"

"넌 우리랑 틀리잖아. 옷도 틀리고."

채림이가 신경질적인 목소리로 답을 했고, 민배 또한 물러서지 않는 모습이었다.

"말도 안 되는 소리 하고 있네."

"넌 배려심도 없냐? 한준이도 이제 금방 올 거라고!"

친구들 자리를 잠시 맡아주는 일은 흔히 있는 일이긴 하다. 그런데… 영서는 급식실 입구 쪽을 바라보았다. 학생들이 줄지어 서 있었고, 한준이는 보이지 않았다. 이 소란은 급식실 선생님이 다가와 아이들을 타이르면서 정리되었다.

점심시간이 끝난 오후 체육 수업. 학교 운동장에는 이미 다른 반이 나와 있었다. 수업 시간이 10여 분 남았을 때 선생님은 학생들에게 자유 시간을 주셨다.

영서는 미정이 등과 함께 관람석에 앉아서 수다를 떨고 있었고, 다른 애들은 운동장에서 간단한 놀이를 하고 있거나 삼삼오오 무엇인가 하며 놀고 있었다. 그때 미정이가 농구장을 가리키며 말했다.

"쟤네들은 또 뭔 일이래?"

두 반이 나와 있을 때 농구 골대는 한 개씩 나눠 쓰는 것이 보통이다. 오늘 같은 경우 영서네 반과 함께 저학년 반이 체육 수업을 하고 있었다.

미정이가 가리킨 손끝을 바라보자, 농구장 골대 아래에서 아이들이 둘로 나뉘어 목소리를 높인 채 서로 옥신각신하고 있었다.

"어이 거기! 이제 그만하고 나가라! 우리가 써야 하니까."

경재가 저학년 애들에게 큰소리로 외쳤다. 한준이는 다른 친구들과 함께 그 뒤에서 시시덕거리고 있었다.

"왜 우리보고 나가라고 하는 거죠?"

"너희들 아까부터 쭉 하고 있었잖아. 그러니 이제 우리가 써야지."

"우리도 한 지 얼마 안 됐다니까요?"

"지금까지 했으면 됐잖아. 이제부터 해봐야 우리는 10분도 못하고 들어가야 해."

저학년 애들은 잠시 주저하더니 제안 하나를 했다.

"그럼 그냥 같이하면 되잖아요?"

그러자 한준이가 답했다.

"너네랑 우린 틀리잖아. 재미없어."

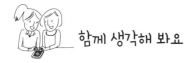

함께 생각해 봐요

　'다르다'를 '틀리다'라고 쓰는 것은 우리 국어의 잘못된 사용입니다.

　그러나 여기서는 국어의 바른 사용 외에 그 말에 내포된 도덕적, 사회적 의미를 살펴봅시다. 또한 더불어 사는 세상을 위해 필요한 것이 무엇인지 생각해 보도록 합니다.

1. 한준과 그 무리는 왜 다른 친구들에게 자신들과는 틀리다고 말한 걸까요? 그리고 그 기준은 무엇일까요?

2. 틀린 것과 다른 것은 무슨 차이가 있을까요?

3. '우리와 틀리다'는 말과 '우리와 다르다'는 말 중 어떤 표현이 더 부정적으로 느껴지며 왜 더 부정적으로 들리는지 생각해 봅시다.

4. 왜 다른 사람을 배제하여 자신들만의 무리를 형성하고 유지하려고 할까요? 그 경우 다른 사람들을 배제하는 근거나 방식으로 어떤 예가 있을까요?

5. 자신들의 무리의 체제(질서)나 형태, 고유성을 유지하거나 지키려는
   것은 다 그릇된 일일까요? 만약 필요하다면 그 이유는 무엇이고, 불
   필요하다면 그 이유는 무엇일까요?

함께 읽는 어른들에게

소위 '패거리 문화'라는 말을 많이 들어보셨을 것입니다. 이 패거리 문화라는 것은 어린아이부터 어른에 이르기까지 전 연령층에 걸쳐 존재합니다. 그것은 인간이 본능적으로 가진 사회적 동물로서의 인간 뇌의 특성이기도 합니다.

문제는 '나'의 무리와 '너'의 무리, '우리'와 '너희들'이라는 구분 짓기가 가져올 수 있는 폐해입니다. 나와 너, 우리와 그들을 구별하는 순간 관심의 영역은 자신을 둘러싼 좁은 원을 그리게 됩니다.

특히 아직 전두엽이 발달하지 않은 아이들의 경우 경험이 적고, 사고의 깊이도 낮고, 자기 이기적인 성향인 '자아중심성'이 큽니다. 그 편향된 성향은 종종 다른 사람에 대한 편견과 악의, 혐오로 번질 수 있습니다.

아이들이 관심의 영역 밖에 있는 사람들에 대해서도 흥미를 느끼고 공감할 수 있도록 돌봄의 영역을 넓혀주시기를 바랍니다.

그거 다 미신이야!

미신과 과학 사이

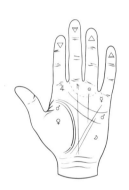

지애가 자신의 스마트폰을 바라보다 예진이에게 말을 걸었다.

"예진아, 너 오늘 조심해야 한다고 그러는데?"

"아, 너도 운세앱 쓰는 거야?"

예진이도 웃으며 자기 스마트폰 화면을 지애에게 보여주었다. 그
러자 옆에 있던 주앙이가 참견하며 물어본다.

"그게 뭔데 그래?"

"하루 운세나 운명 같은 거 봐주는 앱이야."

"넌 그런 걸 믿냐?"

"이게 얼마나 정확한데!"

"그거 다 미신 맞거든. 그런 거 믿으면 지옥 갈걸?"

주앙이가 조롱하듯 말했다.

주앙이의 콧방귀에 예진이 얼굴이 살짝 상기되었다.

"이게 얼마나 과학적인데…. 생년월일이나 별자리 같은 고대부터 내려오던 것을 AI 통계로 확인한 거라고 했어."

"어쨌든 그런 거는 다 미신 맞거든. 그런 거 보는 사람들 정말 재수 없어!"

"우리 오빠도 엄마가 유명한 곳에서 점 봐서 대학 갔단 말이야."

예진이의 답에 지애가 편을 들어줬다.

"그래, 맞아. 그것도 다 연구해서 과학적으로 증명된 거라고 그러 더라."

예진이가 지애에게 맞장구를 쳐주면서 스마트폰 앱 화면을 주앙이에게 보여준다.

"봐. 오늘 서쪽 귀인이 당신을 돕겠지만, 동쪽에서 온 악인 때문에 화가 있을 수 있으니 피하라고 되어 있잖아. 지애는 우리 집에서 서쪽에 있지만, 너네 집은 우리 집보다 동쪽이잖아! 아무래도 AI 운명앱이 제대로 맞춘 것 같은데?"

주앙이의 목소리는 아까보다 좀 더 신경질적으로 변했다.

"웃기지 마! 내가 악인이라니. 내가 봉사활동이나 그런 걸로 얼마나 칭찬받는데!"

주앙이는 평상시에 자기가 믿는 종교 단체에서 봉사활동을 한다. 주앙이는 이 때문에 사람들에게 받는 칭찬을 매우 자랑스럽게 여긴다. 영서가 보기에 주앙이는 그 때문에 악인이란 말에 더 발끈하는 것으로 보였다.

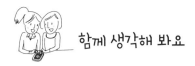

함께 생각해 봐요

별자리점, 혈액형점 등 소위 말하는 유사과학(실제 과학적으로 증명된 것이 없는데, 마치 과학적인 것처럼 여겨지는 이론이나 주장)이 널리 퍼져있습니다. 때론 AI 판단 자료나 근거 없이 구별하거나 배제하는 현상이 나타나기도 합니다.

사이비과학을 가려내고 가짜뉴스에 휘둘리지 않도록 미디어 리터러시(콘텐츠나 정보를 분석하고 비판적으로 이해함) 능력이 필요합니다.

1. 예진이와 지애는 왜 운세앱이 과학적이라고 한 걸까요?

2. 주앙이는 운세앱이 왜 미신이라고 말했나요?

3. 주앙이의 말에 예진이와 지애는 어떤 기분이 들었을까요?

4. 미신과 과학의 기준이 무엇이라고 생각하며, 그 이유는 무엇인가요?

5. 과학과 미신을 구분하는 것이 중요하고 현명한 삶이라고 생각하나요? 그렇게 생각하는 이유는 무엇인가요?

함께 읽는 어른들에게

미래에 대한 불안이나 호기심에 사람들은 미신을 믿거나 따르기도 합니다. 우리 사회에도 별자리점이나 혈액형점과 같은 소위 유사과학類似科學이 널리 퍼져 있습니다. 이는 인간이 안정감이나 통제감을 느끼고 싶어 하는 본성에 따른 것입니다. 그러나 이러한 안정감과 통제감을 강하게 하기 위해 여기에 과학적 근거라는 이름을 잘못 붙여 접근하는 경우도 많이 생기게 됩니다.

사람들이 무엇을 믿든 그것은 개인의 선택이라고 할 수 있습니다. 그러나 자라나는 어린이와 청소년은 자아가 완전히 형성되지 않아 자신이 아닌 외부 요인에 따라 선택과 결정을 끌려가듯 하게 되기도 합니다. 또한 정서의 안정보다는 불안을 부추김으로써 미신적 사고에 더 쉽게 노출되는 문제를 가져올 수 있습니다. 여기에는 과학의 이름으로 우리에게 다가오는 사이비과학似而非科學 혹은 유사과학의 비과학 문제도 빼놓을 수 없을 것입니다.

불안과 호기심에 대한 인간의 본성을 이해하고, 우리의 삶과 정서의 안정감이란 어디서 오는지 이야기해 보길 바랍니다. 그 경우 올바른 삶을 위협하는 비논리적인 혹은 미신적인 사고를 어떻게 대처하고 극복하면서 바른길로 걸어갈 수 있을지 아이들과 토의해 보시길 권합니다.

또한 선생님들은 사이비과학이나 가짜뉴스에 선동당하지 않고, 이를 구분할 수 있도록 관련 미디어 리터러시에 대해 토론하고 공부하는 것도 좋은 수업 내용이 될 것입니다.

어차피 번호 알려줄 거잖아!

개인정보 보호

교실의 소란스러움은 어느덧 일상이 되어가고 있었다. 반 친구들은 숙제라도 하듯 서로 연락처를 나누고, 점심시간에 같이 밥 먹을 친구들을 만들려고 노력한다. 앞으로의 학교생활을 생각한다면 당연한 일이기도 했다.

그런데 아침부터 예진이와 주앙이가 뭔가 실랑이 중이다.

"그런데 왜 내 전화번호를 함부로 알려주냐고?"

"아니, 그게 뭐가 어때서?"

막 등교한 미정이가 그 모습을 바라보며 영서에게 묻는다.

"쟤네들은 왜 저런데? 또 주앙이가 예진이 괴롭히는 거야?"

"주앙이가 예진이 전화번호를 다른 반 애한테 허락 없이 줬나 봐."

"그래?"

예진이와 주앙이의 실랑이는 계속됐다. 하지만 영서에게는 그냥 어쩌다 생긴 일처럼 보이지 않았다. 얼마 전부터 주앙이가 눈에 띄게 예진이를 시샘하는 모습을 자주 보였기 때문이다.

"전화번호를 주려면 나한테 허락받아야 하는 거 아냐?"

"아니, 내가 전해주나 네가 전해주나 무슨 차이가 있냐고."

"무슨 차이라니? 그건 어디까지나 내 전화번호인데."

"아이참, 전화번호가 뭐가 대수라고. 그리고 모르는 사람도 아니고 얼굴 알고 지내는 애라고."

"그게 네 친구라서 그래. 난 그 애가 누군지도 모르잖아."

"어차피 그 애가 너한테 직접 부탁했더라도 알려줄 거였잖아."

"꼭 알려주지 않을 수도 있잖아."

"알려주지 않을 거라고? 너 정말 쌀쌀맞고 못된 애구나."

"그게 왜 쌀쌀맞은 건데? 그리고 왜 못된 애인데?"

"상대방이 부탁하는데 들어주지 않는 거잖아. 그리고 어차피 너도 알려줄 거니까 내가 친절을 베풀었을 뿐이라니까."

"뭐라고?"

둘의 신경전은 멈추지 않을 것처럼 보인다.

그때 예진이가 발끈하며 한마디 한다.

"너야말로 정말 못돼 먹은 거 아냐?"

"내가 못됐다고? 내가 얼마나 착한데?"

주앙이가 얼굴을 붉히며 자기 할 말을 이어간다.

"우리 집이 얼마나 봉사활동 많이 하는지 알아?"

이때 채림이가 불쑥 튀어나와 한마디 참견을 한다.

"맞아. 걔네 집이 얼마나 유명한데. 우리 할머니도 좋은 사람들이라고 칭찬했어."

채림이 말에 따르면, 주앙이네 가족은 무슨 종교 단체에서 봉사활동이나 공연을 자주 하며, 그 때문에 사람들이 그 집 가족들을 착하고 좋게 본다고 한다.

"그러게. 너 너무 예민한 거 아냐? 주앙이가 좋은 일 했구만."

여기에 경재와 한준이까지 가세하자 예진이는 정의파 애들에게 둘러싸인 모습이 되었다.

수세에 몰린 상황에서 예진이는 당황한 표정으로 주변을 둘러보았다. 반 아이들은 애써 시선을 피하는 모습이다. 영서도 정의파 네 명의 모습에 마음이 움츠러드는 느낌이 들었다.

'괜히 끼어들었다가 정의파 애들에게 표적이 될지도 몰라. 안 그래도 동아리 활동에 끼기 어려운데…'

조별 과제나 동아리 활동은 학생들이 알아서 해야 한다. 좋은 성적을 위해 마음이 잘 맞거나 잘하는 친구와 한 조가 돼야 하는 게 이제는 상식이 되었기 때문이다.

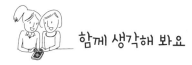

괜찮겠다고 생각하며, 친구의 개인정보를 또 다른 친구에게 알려주는 경우가 종종 생깁니다.

더구나 그것이 다른 사람을 배려하거나 돕는 일이라면 너무나 당연하다고 생각하거나 오히려 친구를 위한 일이라고 뿌듯하게 생각할 수도 있습니다. 하지만 아무리 좋은 일이라도 진정 누구를 위한 것인지 생각하며 지혜롭게 행동할 필요가 있습니다.

다음을 통해서 생각을 정리해 봅시다.

1. 예진이가 주앙이에게 화를 낸 이유는 무엇이며, 그때 예진이는 어떤 기분이었을까요?

2. 주앙이가 옆 반 친구에게 예진이의 전화번호를 알려준 것은 문제가 될까요, 아닐까요? 그 이유도 생각해 봅시다.

3. 개인정보 보호에서 개인정보란 어떤 것들이 있나요? 우리는 왜 우리 자신뿐만 아니라 타인의 개인정보도 보호해야 할까요?

4. 결국 알려줄 개인정보라면 누가 말해도 마찬가지라고 생각하나요?

남이 알려주는 것과 본인이 직접 알려주는 것의 차이는 무엇일까요?

5. 자주 착한 일을 한다거나 봉사활동을 한다는 것은 평판에 어떤 영향을 미친다고 생각하나요? 그 평판은 항상 우리가 참고할 만한 근거가 될 수 있을까요? 만약 다르게 생각한다면 그 이유는 무엇인지 친구들과 토의해 봅시다.

함께 읽는 어른들에게

인간은 본래 누구나 자기중심적인 존재이지만, 특히 아동기의 아이들은 자기중심성이 말, 태도, 행동에 그대로 드러납니다. 때로 아이들은 자신이 보이는 자기중심적인 모습이 옳지 않거나 도덕적이지 않다는 것을 알지 못해서 이러한 모습을 반복적으로 보일 수 있습니다.

아이들에게 무엇이 옳고 그른지, 무엇을 지향하며 살아가야 하는지 등 가치의 문제에 대해 바른길을 제시해 주는 것이 어른이 아이에게 마땅히 해야 할 '의무'입니다. 특히 아이들이 자기 자신뿐만 아니라 친구들의 개인정보에 대해서도 소중하게 여기고 보호할 수 있도록 가르칠 필요가 있습니다.

발달심리학자이자 철학자인 피아제Jean Piaget는 초등학교 입학 전인 아이들의 인지적 특성 중 하나로 자기중심성egocentrism을 듭니다. 아이들은 초등학교 고학년이 되어서야 형식적 사고를 할 수 있습니다. 다시 말해 고학년이 되어야 반성적 사고, 추상적 사고 등이 가능합니다.

중요한 점은 형식적 조작기에 아이가 접어들었다 하더라도 이는 초기에 지나지 않는다는 것입니다. 또한 인지발달에서 아이들의 개인차도 간과해서는 안 됩니다. 따라서 효과적인 훈육은 아동발달 단계에 따라 다르게 제공되어야 합니다. 5살 아이에게 효과가 있는 훈육 수단이 13세 아이에게 똑같이 유용하지는 않습니다.

내 돈 주고 산 것도 아닌데 뭐!

공동의 소유물

학기가 시작한 지 얼마 안 되어 거리에 벚꽃이 만개했고, 햇살은 겨울의 추운 기운을 잊게 만들어 줄 정도로 포근히 세상을 감싸 안고 있었다. 반 친구들과의 사이는 어색함이 사라졌지만, 어찌 보면 흩날리는 벚꽃만큼이나 소란스러운 모습이다.

오늘도 교실 뒤편에서는 빗자루와 쓰레받기로 하는 칼싸움이 여전했다. 오늘 당번인 친구의 한마디에 잠시 멈추긴 했지만.

"야! 너희들 그만둘래? 쓰레받기랑 빗자루 망가지잖아!"

"어차피 학교 거잖아. 망가져도 네가 물어 주는 것도 아닌데 뭘 오지랖."

"너희들 때문에 청소도구 또 정리해야 되잖아."

"내가 당번이냐? 네가 당번이지!"

으르렁대는 당번 때문에 빗자루 칼싸움은 그 끝을 보게 되었다. 툴툴거리며 청소함을 정리하는 당번을 뒤로하고 칼싸움하던 친구들은 낄낄거리며 자기 자리로 돌아갔다.

영서는 이를 지켜보다 잠시 화장실에 들렀다. 몇몇이 거울 앞에 모여 떠들고 있었다. 영서가 손을 씻으려 세면대로 다가섰지만 아무도 자리를 비켜주질 않는다.

"저기, 손 좀 씻을게."

영서가 말을 건넸지만, 누구도 관심을 갖지 않는 듯했다. 영서는 좀 더 큰 목소리로 말했다.

"손 좀 씻게 자리 좀 내줄래?"

떠들던 아이 중 하나가 영서를 돌아보고 미간을 찌푸리며 말했다.

"우리 지금 쓰고 있거든?"

"그냥 손만 씻고 가려니까 잠시만 좀 비켜달라고."

"우리 지금 쓰고 있다니까 사람 말 못 알아들어?"

신경질적으로 말하던 애가 수도꼭지를 세게 틀기 시작했고, 주변에 있던 다른 친구들은 영서를 힐끗 보다가 자기들끼리 소곤거렸다.

"뭐래니? 우리가 쓰고 있는데 중간에 껴서 말이야."

수도꼭지의 물은 하는 일 없이 마냥 쏴아아 흐르고 있었다. 세면대 거울 아래에 붙은 「지구를 위해 물을 아껴 쓰자」라는 표어가 의미없어 보였다.

'말을 말아야지. 쯧쯧.'

영서는 억울하고 기분 나빴지만 그냥 돌아올 수밖에 없었다. 다음 수업 시간을 마치고 급식실로 향할 때까지도 영서의 기분은 풀리지 않았다.

영서에게 있어서나 다른 친구들에게 있어서나, 점심시간은 가장 인기 있는 시간이다. 영양사 선생님에 따라 다르긴 해도 집밥보다 더 좋다고 말하는 친구들도 많이 있다. 매일 급식 사진을 찍어 아웃스타그램에 올리는 것이 취미인 친구도 있을 정도다.

하지만 찜찜한 마음은 여전히 영서를 떠나지 않았다. 그런데 건너편 쪽에 있던 애들이 밥풀이나 음식물을 식탁에 흘리는 것뿐만 아니라 욕심껏 담은 음식물을 반절이나 남긴 채로 장난치고 있었다. 그 모습을 보자니 짜증이 물밀듯 올라왔다.

보다 못한 영서가 한마디 했다.

"야. 먹을 거 가지고 장난치지 말라는 말도 못 들어봤냐?"

"뭔 상관이야? 우리 엄마도 아닌데…. 어차피 내 돈 내는 것도 아니고, 이럴 때 여유 좀 부리시겠다는 건데."

"음식은 왜 그렇게 많이 담아서 낭비해? 마음에 찔리지도 않아?"

"학교에서 다 해주는 거잖아. 거기다가 내가 싫어하는 게 있어서 좀 남긴 것뿐이니까 잔소리 좀 하지 마!"

"그러면 먹을 만큼만 담아야지, 왜 그득 담아서 그냥 버리냐고."

"내가 좋아하는 것도 있으니까. 내가 먹고 싶어서 먹겠다는데 먹지 말라는 거냐?"

"내 말은 버려지는 음식이 너무 많다는 거잖아."

"그럼 네 말은 싫어하는 것도 억지로 먹으라고 강요하는 거야?"

영서가 살짝 주춤하다 대답했다.

"그 말이 아니라고! 음식을 아끼고 환경을 생각하자는 거잖아."

"환경이라고? 어차피 남긴 음식은 가축 사료로 쓰잖아. 가축들은 먹지도 말라는 거야?"

영서는 잠시 생각하다가 반문했다.

"그만큼 아끼면 식재료를 아낄 거 아냐."

"어차피 이미 요리된 건 안 건드려도 다 가축 사료로 간다고. 알아? 밑반찬이야 다음날 쓸 수 있겠지만."

"…."

"그리고 학교에서 알아서 한다니까 네가 나설 필요 없다고."

그 친구는 자기의 식판을 들고 자리를 박차고 나섰다.

"쟤도 참. 지저분하게 먹는 걸 넘어서 낭비가 무슨 자랑이라고."

같이 식사하던 미정이가 영서를 위로하듯 말했다. 흘린 음식물이 여전히 식탁에 흩어져 있었지만, 영서는 별말 없이 시선을 피했다.

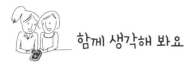

함께 생각해 봐요

1. 영서가 화장실에서 화가 난 이유는 무엇이며, 아이들이 비켜 주지 않았을 때 기분은 어땠을까요?

2. 세면대 앞 아이들은 무엇을 잘못한 것이며, 그 이유는 무엇인가요?

3. 상대방을 배려한다는 것과 당연히 지켜야 할 예절을 지키는 것에 차이가 있나요? 차이가 있다면 그것은 무엇일까요?

4. 식당에서 영서가 화가 난 이유는 무엇인가요? 혹시 영서와 비슷한 상황을 경험한 적이 있다면 어떠한 상황이었고, 그때 기분은 어땠는지 함께 이야기해 봅시다.

함께 읽는 어른들에게

　일부 어른과 마찬가지로 아이들도 자신이 직접 지불하지 않은 물건이나 음식에 대해서는 아끼지 않아도 된다고 생각하는 경향이 있습니다. 예를 들어 학교의 비품들은 내 것이 아니기 때문에 딱히 소중히 하지 않아도 된다고 생각하기도 합니다. 그러나 공동의 소유물이라고 해서 소중히 할 필요가 없는 것은 아닙니다.

　아이들이 공동의 소유물에 대해서도 아끼고 소중한 마음을 지니게 하는 일은 중요합니다. 이는 아이들뿐만 아니라 어른들에게도 중요합니다. 인간의 삶이 함께 살아가는 것, 공동체로서의 사회적 삶이라는 것은 모두가 배워야만 합니다.

　또한 아이들은 배려의 차원과 마땅히 지켜야 할 예절을 구분하여 생각할 필요가 있습니다. 공중도덕은 배려의 차원을 넘어 우리가 응당 준수해야 할 예절입니다. 아이들과 함께 공중도덕에 대해서도 본 에피소드와 함께 이야기 나누어 보시기 바랍니다.

남학생은 로봇 실습실로, 여학생은 조리 실습실로!

여성과 남성의 사회적 역할

"영서야. 이따가 저기서 뭐 사 먹으면 되겠다."

미정이가 매점을 가리키며 말했다. 행사장 중간쯤에 있던 매점에는 아직 진로 체험 행사가 시작하기 전이라 그런지 학교 친구들이 꽤 많이 들락거리고 있었다.

"얘들아! 선생님이 모이래!"

저기 멀리서 회장인 예지와 부회장인 민식이가 아이들을 불렀다. 모이기로 약속한 미래체험관 쪽 주변에 삼삼오오 모여 있던 친구들은 이 소리를 듣고 선생님을 중심으로 출석 체크를 위해 모여들었다.

선생님은 출석을 체크하고 모두 함께 참여할 수업과 각자 부스들을 돌며 자유롭게 참관할 수업을 알려주신 후 부스별로 도장을 받아와 제출하라고 말씀하셨다. 이후 첫 번째 시간인 반별 직업 체험을 하러 다들 몰려갔다.

"어디래?"

"모르면 그냥 눈치껏 따라가면 되지 뭘 묻고 있냐?"

민배와 경만이가 살짝 흥분한 소리로 떠들며 다른 친구들을 따라가고 있었다. 한편에서는 예진이와 윤희가 셀카를 찍고 있다.

커다란 강의실이 마주하고 있는 입구에서 지도 선생님 몇 분이 학생들을 안내하며 기다리고 계셨다. 그중 한 선생님이 모인 학생들을 향해 큰소리로 외치셨다.

"자자. 남학생들은 로봇 실습실로 가고, 여학생들은 여기 조리 실습실로 들어가세요!"

남학생들은 시끄럽게 떠들며 로봇 실습실로 들어가고 있었다.

영서는 평상시 요리보다 로봇이나 자동차와 같은 기계들에 관심이 많기 때문에 조리 실습실로 가는 여학생들을 거슬러 로봇 실습실 앞까지 걸어갔다.

선생님은 소란스러운 남학생들을 독촉하고 있었는데, 그중 몇 명은 선생님 들으라고 그러는지 "여자애들은 좋겠네. 조리실 가서 과자 같은 거 만들어서 먹는다더라."라며 큰 소리로 떠들었다.

영서는 선생님 앞에 서서 잠시 기다렸다. 이리저리 주변을 보며 지도하던 선생님은 앞에서 머뭇거리며 서 있는 영서를 한참 지나서야 알아보았다.

"학생은 왜? 여학생들은 저기 조리실로 가라고 말하지 않았니?"

잠시 머뭇거리던 영서는 용기를 내어 선생님께 말씀드렸다.

"저기, 선생님. 저도 로봇 실습실에 가면 안 될까요? 저도 로봇이나 기계 만지는 거 좋아하거든요."

"글쎄. 여기 반 배정 대상에 남학생이라고 적혀 있긴 해도 뭐 여학생이라고 안 될 건 없을 것 같기는 한데…. 그런데 요리가 더 재미있지 않겠니? 다른 여자 친구들도 다 저기 가 있고…."

지도 선생님은 살짝 난처한 모습을 보이며 말끝을 흐렸다.

"전 요리는 별로고, 꼭 로봇 실습을 해보고 싶었거든요. 프로그래밍 하는 것도 좀 해봤어요."

"여학생이라고 못 듣는 것은 아니겠지만, 너도 보다시피 안쪽에 남학생들만 잔뜩 있고 해서."

영서의 발길이 쉽게 안 떨어지는 모습을 봤는지, 선생님은 살짝 주저하는 모습을 계속 보이며 몇 마디 더 해주었다.

"여긴 남학생들뿐이라 혼자 있기는 좀 그렇지 않을까? 차라리 친구들 많은 조리 실습실이 더 재미있을 것 같고 말이야. 아무래도 여자애들은 보통 요리를 좋아하긴 하니까 너도 전혀 재미없을 거라고는 생각하지 않을 거야."

영서는 자신을 밀어내는 듯한, 그리고 왠지 어울리지 못할 것 같은 분위기를 느꼈다.

조용히 "네."라고 답한 영서는 다시 조리실로 발길을 옮겼다. 조리 실습실 담당 선생님이 영서에게 빨리 오라며 손짓하고 있었다.

조리 실습실에서는 마들렌 만들기 체험 수업이 있었다. 본반죽을 만들어 냉장고에 보관하고, 이전 팀이 만들어 둔 반죽을 이용해 마들렌 틀에 반죽을 부어 넣는 작업을 하였다.

미리 버터를 칠해 두었던 마들렌 틀이 준비되었고, 영서와 친구들은 짤주머니에 반죽을 넣고 쭉쭉 짜내며 마들렌 틀을 하나씩 채워나갔다. 짤주머니를 누르는 느낌은 재미있었다.

하지만 영서는 끝내 아쉬움이 남았다. 친구들은 꽤나 즐거워하는 것 같은데, 마음이 눌려 있는 느낌이다. 영서는 '나만 그런 건가?'라고 생각하며 주변의 친구들에게 말을 걸어보았다.

"그런데 너희들은 로봇 실습 같은 거 해보고 싶지 않니?"

"로봇 실습? 아…. 아까 남자애들 가던 거?"

"응."

미정이는 별다른 표정 변화 없이 영서를 살짝 쳐다보았다.

"그거 남자애들이 하는 거잖아?"

"사실 나도 그거 되게 해보고 싶었거든. 그런데 남자애들만 잔뜩 있으니까 들어가는 게 부담스럽기도 하고 그렇더라고…."

"맞다. 영서는 기계 만지는 거 좋아하지? 남자애들이 좋아하는 게임도 좋아하고 말이야."

예진이와 민지는 마들렌 틀을 연신 채워가며 맞장구를 쳐주었다.

"뭐… 선생님이 그렇게 말씀하신 것도 사실 분위기상 널 위한 거 아니겠어? 너보고 여자애는 못 들어간다고 하신 건 아니었으니까."

"그렇긴 하지. 하지만…."

영서는 말끝을 흐리며 입술을 살짝 오므렸다. 미정이가 영서의 표정을 살피고 있다가 위로하듯 말한다.

"할 수 없잖아. 우리야 과자 만들어 먹는 거 좋아해서 여기 오는 데 불만은 없고."

그러자 민지가 한마디 거들었다.

"그래. 여자애가 남자애들 사이에 끼어 있으면 눈치 보이기도 하고… 남자애들이 엄청 뭐라고 할 거 같은데? 차라리 그냥 우리들끼리 있는 게 낫지."

친구들은 그래도 영서를 위로하려고 노력했다.

영서는 용기를 내볼 걸 그랬다는 후회가 들기도 했지만, 그래도 친구들이 위로해 주니 그나마 마음이 풀리는 듯했다.

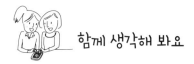

함께 생각해 봐요

　우리는 흔히 다수가 따르는 길을 원해서 혹은 생각 없이 자연스레 따르기도 하지만, 원치 않아도 눈치가 보이거나 압박감을 느껴서 따르는 경우도 있습니다.

　특히 다수를 따르는 것이 당연하다고 생각하는 상황 속에서는 더욱 거스르기 힘든 법입니다.

　다른 것을 원하거나 혹은 그것이 올바르게 여겨지는 길일 경우 우리는 깊은 고민에 빠지게 됩니다. 무거운 압박감 속에 우리는 어떤 선택을 해야 할까요? 또 그 와중에 올바름은 우리에게 어떤 길을 인도하며 무엇을 요구하게 될까요?

　이에 대해서 함께 토의해 보도록 합시다.

1. 영서는 왜 로봇 실습실로 갔다가 되돌아왔나요?

2. 여학생들만 조리 실습실로 가라는 지시를 받았을 때 영서는 어떤 기분이었고, 그렇게 생각하는 이유는 무엇인가요?

3. 남학생은 로봇 실습실로, 여학생은 조리 실습실로 배정이 정해진 것에 대해 어떻게 생각하나요? 이 배정에 문제가 있다면 어떤 문제이

며 그렇게 생각하는 이유는 무엇인가요?

4. 남녀차별 문제는 도덕적인 문제일까요? 왜 그렇게 생각하나요?

함께 읽는 어른들에게

종종 일부 어른들이 가진 편견은 아이들에게 고스란히 전수되기도 합니다. 여러 가지가 있지만, 대표적인 하나는 여성과 남성의 사회적 역할에 대한 편견일 것입니다.

남녀의 사회적 역할에 따른 고정관념은 이를 기반으로 여성이나 남성에 대한 편견, 차별을 낳을 수 있다는 점에서 도덕적인 문제가 됩니다. 성평등은 여성과 남성에 대한 잘못된 인식의 변화로부터 시작됩니다.

본 이야기를 아이와 나누면서 어른들 역시 편견은 없는지, 또한 아이가 남녀에 대해 잘못된 시각을 가지진 않았는지도 확인하시기 바랍니다.

만약 그러한 것이 발견된다면 아이와 이에 관해 이야기를 나누시길 권합니다.

누구를 살려야 하지?
인공지능 시대 자율주행자동차의 윤리

영서는 로봇 실습실에 가지 못한 것이 못내 아쉬웠지만, 오븐에서 잘 구워진 마들렌을 친구들과 나눠 먹으며 요리사 체험 수업을 끝냈다.

이제 자유 체험 부스 참여 시간이다. 다만 인기 좋은 부스는 줄도 길게 서고, 마감도 빨리 되는 경우가 많아서 눈치 싸움이 되곤 했다.

요령을 피우는 법도 있긴 하지만, 어차피 보고서를 내야 하기 때문에 그래도 관심 있는 부스를 최대한 골라보자는 생각을 하며 영서는 조리 실습실을 나섰다.

부스들은 넓은 평지에 줄지어 있었다. 다른 아이들은 스탬프 채우기 미션과 함께 좋아하는 부스를 찾아 재빨리 줄을 서거나 여기저기 기웃거리고 있었다. 미정이와 민지는 어서 빨리 끝내고 매점에 가자고 재촉하고 있다.

마침 VR 게임을 해볼 수 있는 인기 부스에는 5팀 이상이 줄 서 있었고, 반대쪽의 AI 관련 부스는 한 팀 정도만 서 있었다. 예진이가 그곳을 가리키며 애들을 재촉했다.

"저기 줄이 없어. 일단 저기 가서 스탬프 찍자."

영서와 다른 아이들은 시간을 아낀다는 생각에 우르르 그곳으로 몰려갔다. 그 사이 반대편 부스의 줄은 더 길어지고 있었다.

"저것 봐. 저기 갔으면 더 오래 기다려야 했을 거야."

예진이는 자기 말이 맞아서 신나 하는 모습이었다.

한쪽의 줄이 길어지자 이제는 영서가 있는 부스 쪽으로 사람들의 줄이 길어지기 시작했다. 우리 반의 자칭 정의파인 한준, 경재, 채림, 주앙이도 우리 뒤쪽으로 바짝 붙어서 줄을 서 있었다.

우리가 들어간 부스는 '인공지능(AI)과 자율자동차'라고 했다.

"자율자동차 VR 같은 건가?"

"VR은 아닌 것 같은데? 뭔가 질문지 같은 거 쓰는 건가?"

민지와 도경이가 부스 안쪽을 두리번거리며 말했다.

앉으라는 순서대로 자리에 앉은 후 프로그램이 진행되었다.

부스에서는 AI의 역사라든가 자율주행자동차와 관련한 동영상과 설명이 뒤따랐다. 아마도 여기는 AI 주제 중 기본 설명이나 개념 같은 것을 다루는 부스인 것 같았다.

"자! 이렇게 앞으로는 자율주행자동차나 AI가 생활을 더 편하게 해줄 거예요. 그런데 우리를 편하게 해주고 어려운 일도 대신해 주는 인공지능의 시대라도 프로그래밍을 할 때 잊지 말아야 할 가장 중요한 부분이 있어요. 그게 무엇일지 여러분 스스로 한번 생각해 보길 바랍니다."

'끝날 시간이 다 되었나? 짧게 끝내는 것은 고맙긴 하지만…' 영서는 살짝 시간을 확인하며 주변의 눈치를 살폈다.

"여러분 인공지능을 프로그래밍할 때 가장 어려운 부분이 뭘까요?"

한쪽 구석에 있던 한 학생이 큰 소리로 답했다.

"코딩이요!"

"네 요즘 프로그래밍한다는 말로 쓰이는 코딩도 어려운 부분이겠죠. 그래도 앞서 배웠던 딥러닝이나 기타 인공지능의 발달로 아마 코딩이란 작업도 점차 쉬워질 거예요. 혹시 다른 의견 있나요?"

"터미네이터요."

"네. 터미네이터나 인공지능 로봇이나 안드로이드가 인간을 지배할 수 있다는 우려도 있죠. 그런데 좀 더 현실적이면서 질문에서 나왔던 프로그래밍에 한정해서 볼 때 무엇이 가장 중요할 것 같나요?"

웅얼거리는 친구들은 몇 있었지만 별다른 답변이 나오지 않자 선생님은 동영상 하나를 보여주면서 말을 이어가셨다.

동영상에는 자동차가 도로 위에서 빠르게 달리는 장면이 나오고 있었다. 왼쪽 도로와 오른쪽 도로에는 각각 오토바이가 달리고 있으며, 정면에는 짐을 잔뜩 실은 트럭이 달리는 모습이었다.

"자! 여러분들은 지금 자율주행자동차를 타고 있어요. 그리고 여러분이 달리고 있는 도로 왼편에는 남자가 몰고 있는 오토바이가, 오른쪽은 여자가 몰고 있는 오토바이가 있어요. 그런데 말이죠…."

선생님의 마우스 클릭과 함께 장면이 전환되었다.

"앞을 달리던 트럭에서 물건들이 떨어지는 사고가 발생했어요."

동영상에서 내가 타고 있는 자율주행차 앞의 트럭에서 물건이 차를 향해 떨어지고 있었다. 내가 탄 차에는 또 다른 사람도 함께 타고 있는 상태이다.

"자, 여러분 한번 상상해 봅시다."

화면이 살짝 왼쪽을 향했다. 왼편에는 헬멧을 쓰지 않은 남자 오토바이 운전자가 확대되어 보인다. 앞 트럭에서 떨어진 짐은 점차 내 차 앞으로 다가오고 있었다. 다시 오른쪽을 본다. 오른편에는 헬멧을 쓴 여자 오토바이 운전자가 확대되어 보인다.

자율주행차의 윤리적 딜레마

"여러분! 여러분이 자율주행자동차의 프로그래밍을 하거나 혹은 자율주행자동차 안에서 결정을 내려야 하는 상황입니다. 그리고 어떠한 경우라도 각각의 선택에 따라 누군가는 목숨을 잃게 됩니다. 어떻게 할지 한번 토론해 볼까요?"

갑자기 부스 안이 소란스러워졌다. 만약 저 상황이 진짜라면 결정을 내려야 하는 상황이다. 그리고 누군가의 생명이 걸려 있다. 주변이 꽤 소란스러워졌다.

"그냥 방향을 바꾸지 말고 자기가 희생되어야 하는 거 아냐?"

"하지만 그렇게 하면 같이 탄 사람도 희생되는데?"

"그래도 자기가 희생되니까 더 낫지 않아?"

"저 사람이 희생되겠다고 생각할지는 모르겠지만, 그러면 자기뿐만 아니라 함께 탄 사람까지 해서 모두 두 명이 희생되는데?"

"차라리 한 사람만 희생되게 왼쪽이나 오른쪽으로 가는 게 낫지 않을까?"

"맞아. 그럼 여자를 보호해야 하니까 남자가 탄 오토바이 쪽으로 가야 돼."

"야! 목숨이 걸렸는데 남자라고 항상 희생해야 하냐? 거기다가 여자는 헬멧까지 썼잖아. 살 가능성이 더 크다고!"

"남자는 헬멧도 안 썼잖아, 위험하게. 법도 안 지킨 사람을 왜 보호해야 돼? 그리고 여자는 왜 법을 지켰다는 이유로 위험해져야 하는 건데?”

“그런데 헬멧 쓴 여자보다 남자가 더 살아남을 가능성이 더 크지 않아?”

“저런 사고에서 남자라고 살아남을 것 같아? 남자들이 다 슈퍼맨은 아니라고, 거기다가 누군가 반드시 희생된다는 조건인데?”

“헬멧을 안 쓴 것은 그 사람 잘못이야! 헬멧을 써서 목숨을 구하더라도 중상은 피할 수 없다고.”

“그 남자가 네 가족이나 친척이라고 해도 똑같이 말할 수 있어?”

맞는 말이다. 조건에서 누군가 희생된다는 것이 정해져 있다. 하지만 영서도 자신이 오토바이 운전자라면 뜻하지 않은 희생을 당하고 싶지는 않다고 생각했다.

‘내가 인공지능 프로그래머라면 어떻게 해야 할까…’ 영서는 생각에 잠겼다.

머리가 복잡하다. 그래도 선택을 해야 한다.

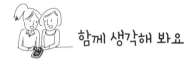

함께 생각해 봐요

1. 내가 프로그래머라면 이러한 경우에 자율주행자동차가 어떻게 결정하도록 할 것인가요? 그 이유는 무엇인가요?

2. 인간의 목숨을 두 명이냐 한 명이냐와 같이 숫자로 비교해 어느 편이 더 중요하다고 말할 수 있을까요? 왜 그런지 이유도 이야기해 봅시다.

3. 오토바이를 탄 남자와 여자 중 누구를 구해야 한다고 생각하나요? 왜 이들 모두를 구해야 하거나 혹은 이들 중 한 명은 희생시킬 수밖에 없다고 생각하는지 말해보고, 이유에 대해서도 생각해 봅시다.

4. 위와 같은 상황에서 자율주행자동차 안에 타고 있다면 어떤 기분이 들까요? 만약 내가 운전자의 옆에 앉아 있는 탑승자이거나 오토바이를 몰고 있는 남자나 여자라면 어떤 마음일까요?

5. 운전자, 탑승자, 오토바이에 탄 남자와 여자를 내 가족으로 생각한다면 어떠한가요? 그들 모두를 내가 전혀 모르는 사람이라고 가정할 때와 가족이거나 내가 아는 사람이라고 가정할 때의 결정에서 차이가 있을까요?

6. 같은 상황에서 다음의 경우 여러분은 누구를 구하는 쪽을 선택할 것이며 그 이유는 무엇인가요? 그에 따른 결과는 어떨까요?

　1) 오토바이를 탄 왼쪽 남자와 오른쪽 여자

　2) 오토바이를 탄 왼쪽 젊은이와 오른쪽 노인

함께 읽는 어른들에게

앞으로 인공지능 시대에 살아갈 아이들에게 필요한 것 중 하나는 인공지능 윤리교육입니다. 특히 자율주행자동차와 같이 인간의 목숨이 좌우되는 상황에 대한 윤리교육, 도덕교육이 더욱 요구됩니다.

본 에피소드를 기초로 아이들이 해당 상황에 대해 여러 가지 '관점'을 취해볼 수 있도록 돕는 것은, 아이들로 하여금 '조망 수용眺望 受容, perspective taking' 능력을 갖도록 도울 것입니다. 이는 공감력을 향상시키고 도덕적 상상력을 극대화하게 합니다.

본 에피소드를 여러 번 아이와 함께 읽으면서 다양한 사람들의 입장에 서보고 그들의 마음을 상상하고 느끼고 생각해 볼 수 있는 능력을 키워주시기 바랍니다.

대를 위해 소를 희생해도 된다고?

트롤리 딜레마의 스위치 사례와 인도교 사례

"모두의 의견이 팽팽하네요. 좀 어려웠죠. 그럼 좀 더 쉬운 예를 들어볼까요?"

지도 선생님은 미소를 띤 채 소란스러워진 상황을 정리하며 다른 그림을 한 장 보여주었다.

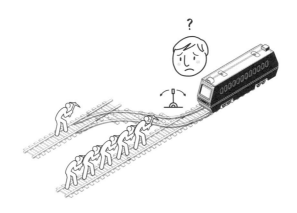

트롤리 딜레마의 스위치 사례

"보는 것과 같이 조그만 기차가 달리고 있어요. 트롤리라고 하는 건데 그냥 여기서는 기차라고 할게요. 기차 앞엔 두 갈래로 갈라지는 갈림길이 있는데, 각각의 선로에서는 사람들이 일하고 있어요. 한쪽 선로에서는 다섯 명이, 다른 쪽 선로에서는 한 명이 일하고 있죠. 그런데 기차가 고장이 나서 멈추지 못하고 아주 빠른 속도로 계속 달려가고 있어요. 일하는 사람들은 이 상황을 전혀 눈치채지 못하고 있지요. 멀리서 당신이 소리치지만, 거리도 멀고 주변이 너무 시끄러워서인지 전혀 닿지 않아요. 주위를 둘러보다 여러분 앞에 기차가 달리는 방향을 바꾸는 레버가 있는 걸 발견했어요."

선택지는 두 가지였다. 하나의 선로에는 한 명이 일하고 있고, 나머지 선로에는 다섯 명이 일하고 있는 상황에서, 다섯 명의 인부를 향해 달리고 있는 고장 난 기차를 어느 방향으로 유도할지 결정해야 했다.

한준이가 큰 목소리로 자신 있게 외쳤다.

"한 명 쪽으로 방향을 돌려야 돼요."

그러자 정의파라는 친구들은 맞장구를 치기 시작했다. 지도 선생님이 다른 의견이 없냐고 물었지만, 부스 안의 다른 친구들도 고개만 끄덕이는 모습들을 보였다. 선생님은 다시 질문을 던지셨다.

"그래요? 그럼 왜 한 명 쪽인지 이유를 물어봐도 될까요?"

"한 사람을 구하는 것보다는 다섯 사람을 구하는 것이 의로운 일이에요. 대를 위해 소를 희생해야 해요."

한준이의 말에 정의파 친구들은 고개를 끄덕였다. 채림이는 역시 한준이가 똑똑하다며 친구들에게 치켜세우고 있었다.

"그러니까 다수를 위해서 한 사람이 희생하는 건 어쩔 수 없다는 말이죠?"

다른 학생들도 그렇다고 대답했다. 영서도 그런 생각을 하고 있었다. 아무래도 최대한 많이 구하는 것이 맞는 것 같았다. 선생님은 그런 방향으로 결론이 정해지는 듯하자 다음 질문을 하셨다.

"자, 그러면 조금 상황을 바꿔서 생각해 볼까요?"

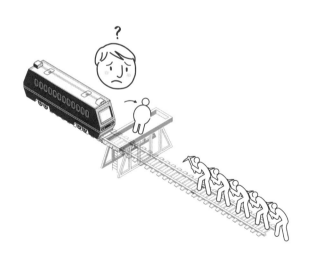

트롤리 딜레마의 인도교 사례

"아까와 같은 선로에 고장 난 기차가 달려오고 있어요. 그리고 선로 위에는 다섯 사람이 일하고 있어요. 이번에는 선로 위에 다리가 하나 있는데, 공사 중인 다리인지 난간이 설치되어 있지 않네요. 다리 위에는 여러분 외에 덩치가 아주 큰 사람도 있는데, 다리의 가장자리에 위태롭게 서서 무엇인가 구경하고 있어요. 이제 저기 고장 난 기차가 달려오는 모습이 보입니다. 이때 여러분은 문득 깨닫게 돼요. 이 덩치 큰 사람을 선로 위로 밀어서 떨어뜨리면 달리던 기차가 탈선해서 다섯 명의 목숨을 구할 수 있다는 것을요. 자, 이제 선택의 순간이에요. 어떻게 하겠어요? 일단 다른 선택지는 없어요. 밀거나 혹은 그대로 있거나 두 가지뿐이에요."

순간 공기가 멈춘 느낌이 들었다. 누구 하나 선뜻 뭐라고 답하지 못했다.

아무도 선뜻 나서지 않자 선생님은 한준이가 있는 쪽을 바라보며 다시 질문하셨다.

"여러분은 좀 전에 다수를 위해 한 명이 희생되는 것에 대해 별다른 이의를 제기하지 않았어요. 그리고 그것이 옳다고 생각했어요. 지금 이 경우도 마찬가지네요. 한 명의 희생으로 다섯 명, 어쩌면 더 많은 사람의 목숨을 구할 수 있어요."

대답이 계속 없자 선생님은 아까 대답했던 한준이에게 다시 질문을 했다.

"아까 다수를 위해 한 사람을 희생할 수 있다고 했었죠? 이 경우는 어떻게 하면 좋을까요?"

"……."

"이 경우도 아까와 크게 다르지 않아요. 한 사람이 희생되는 거고, 그로 인해 다수의 사람이 목숨을 구하는 일이지요."

"하지만 그렇게 사람을 밀어 떨어뜨리는 것은 살인이지 않나요?"

"그런가요? 그럼 아까 기차 방향 레버를 한 사람 쪽으로 바꾸는 것과 어떤 차이가 있나요?"

"……."

무언가 중얼거리는 친구들은 있지만, 부스 안 누구도 명확한 답을 내지 못하고 있었다.

선생님이 말씀을 이어가셨다.

"네, 분명 어려운 문제예요. 시간이 다 되어 가니 더 이상 이에 대한 논의는 힘들겠지만, 이것만은 알아두었으면 합니다. 사람들은 AI라든가 자율주행자동차의 기술에 신기해 하고 환호하면서 프로그래밍 교육이나 코딩교육의 중요성을 강조해요. 하지만 정작 우리가 고민해야 하는 건 이런 순간에 어떻게 결정할 것인가, 그리고 그 결정을 누구에게 맡길 것인가 하는 아주 궁극적인 문제라고 할 수 있어요. 아까 터미네이터에 대해 말한 친구도 있지만, 인공지능 설계에 있어서 코딩이나 기타 기술적인 문제는 사실 중요한 과제가 아닐 수 있어요. 그러나 이러한 판단이나 결정권을 끝까지 인간이 가지는 것이 왜 중요한지, 또 그것을 올바르게 지키기 위해 우리가 배워야 할 핵심 기술은 결국 우리 인간에 대한 탐구라는 것을 잊지 말았으면 합니다. 그럼 이만!"

영서는 참석 스탬프를 찍으며 잠시 생각해 보았다. 기술의 발달에서 기술적인 부분보다 더욱 중요한 것은 결국 인간에 대한 탐구라는 말이 과연 무슨 뜻일까?

함께 생각해 봐요

1. 나라면 스위치 딜레마에서 어떤 결정을 내릴지 생각해 보고, 그 이유도 말해 봅시다.

2. 만약 스위치 딜레마에서 철로 위에 있는 한 명의 인부가 다음과 같은 경우라면 어떻게 할 건지, 또한 그 이유는 무엇인지 이야기해 보세요.

　1) 가족

　2) 살인범

　3) 내가 전혀 모르는 사람

　4) 옆집 아저씨

　5) 내 친구

3. 내가 만약 스위치 딜레마에서 선로에서 혼자 일하는 한 명의 인부라면 어떤 마음이 들까요?

4. 나라면 인도교 딜레마에서 어떤 결정을 내릴지 생각해 보고, 그 이유도 말해 봅시다.

5. 만약 다리 위에 있는 한 사람이 다음과 같은 경우 어떻게 할 건지, 또한 그 이유는 무엇인지 이야기해 보세요.

 1) 살인범

 2) 사이코패스

 3) 가족

 4) 내 친구

 5) 우리나라 사람

 6) 다른 나라 사람

함께 읽는 어른들에게

　인공지능 시대 미래 교육에서는 특히 AI 교육이 중요하게 다루어
지고 있습니다. 그런데 AI 교육은 기술적인 측면만을 요구하는 것은
아닙니다. AI 윤리교육은 미래 교육에서 가장 강조되어야 할 교육 영
역입니다. 아이들은 AI 윤리교육을 통해 도덕적 상상력을 갖추고, AI
와의 올바른 관계성을 형성할 필요가 있습니다.

　이번 주제는 아이들의 도덕적 상상력과 비판적 사고력을 겨냥한
생각거리를 제공합니다. 아이들은 이야기를 읽으며 자신이 아닌 다른
사람, 사회, 미래, 기술과 인류 등에 대해 생각해 보게 됨으로써 도덕적
사고의 폭을 넓히게 될 것입니다.

이런 건 남자가 잘한다구!

성평등의 필요성

어느덧 진로 체험 행사 참여도 거의 끝나가는 참이다. 다들 생각이 비슷했는지, 부스마다 점점 마주치는 친구들이 많아졌다. 이제 마무리만 지으면 되는데…. 그때 영서의 눈에 들어오는 부스가 있다. '달걀로 바위 치기?' 줄이 길지도 않은 데다가 반 친구들도 같은 생각을 했는지 꽤 많이 보였다. 딱히 주저할 필요 없이 미정이와 예진이 그리고 민지와 함께 냉큼 줄을 섰다.

줄을 서서 기다리는 동안 다른 친구들도 속속 모여들었다.

"달걀로 바위 치기? 이거 달걀 던지기 같은 건 아니겠지?"

민지의 말에 영서는 자기 생각을 말해줬다.

"보통 이런 거는 달걀과 물리력에 관계된 걸 거야."

"물리력? 어려운 거 아냐?"

미정이가 영서를 바라보며 말했다.

"말은 그런데 대단한 건 아니고…. 예를 들어 달걀로 최대한 무게나 충격을 버티게 하는 그런 거를 퍼즐처럼 해결하는 식이거든."

영서의 답변에 민지가 무심코 한마디를 던졌다.

"그럼 수학 관련인가? 남자애들이 잘하겠네~"

"그렇게 대단한 수학도 아냐. 달걀에 걸리는 힘을 어떻게 균형 있게 분산시킬지에 대해 신경 쓰는 게 핵심이니까."

"그래도 어려워."

부스 안에 들어가 자리를 잡으며 주변을 살펴보니 반 모임이라고 해도 틀린 말이 아닐 정도로 같은 반 친구들이 많이 모여 있었다. 아무튼 부스 안 프로그램은 영서의 생각대로였다.

수행 내용은 다음과 같았다. ① 우선 두 사람씩 한 팀이 된다. ② 팀마다 종이 한 장, 가위, 칼, 풀, 투명 테이프 그리고 달걀을 실은 장난감 자동차를 받게 된다. ③ 달걀을 실은 장난감 자동차는 급한 경사로를 달리다가 벽에 부딪히며, 보통의 경우 달걀은 이 충격에 깨지게 된다. ④ 각 팀의 목표는 주어진 종이 한 장을 이용해 구조물을 만들고 이를 장난감 자동차 앞에 설치해 달걀이 깨지는 것을 막는 것이다.

영서와 함께 팀을 한 친구는 일호였다. 일호는 조립형 장난감 같은 걸 만들기 좋아하는 친구라 다행이라는 생각이 들었다. '최소한 혼자 모두 떠맡아야 하는 일은 없겠지.'

우선 주어진 재료는 종이 한 장이었다. 두꺼운 종이가 아니라 복사기나 프린터에 쓰이는 얇은 종이였다.

주변 친구들을 보니 원뿔을 만들기도 하고, 그냥 종이를 뭉치기도 하고, 종이를 스프링처럼 포개어 접어두기도 했다. 하지만 영서가 보기엔 빠르게 굴러 내려갈 장난감 자동차와 달걀의 무게까지 포함해 생각해 볼 때 충분히 힘을 분산시키지 못하거나 감당하지 못할 것 같았다.

영서는 삼각형 모양을 이용한 트러스 구조로 자동차의 완충 장치를 만들면 어떨까 생각해 보았다. 물론 정교하게 만드는 데는 한계가 있기 때문에 운이 따라야겠지만, 그래도 성공률을 최대한 높이는 것이 중요하다고 생각했다.

"일호야. 우리 트러스 구조를 만들어 보자."

일호는 눈이 커지면서 의아한 표정으로 질문했다.

"트러스 구조? 그게 뭔데?"

"삼각형을 그물처럼 이어 만든 구조인데, 꽤 안정된 구조물이 만들어지거든."

"그래? 그런데 이 종이로 어떻게 만들면 되는데?"

"그러니까 종이를 가로로 일정 비율로 잘라서…."

영서는 잘 모르는 일호를 위해 친절히 설명해 줬다.

손재주가 좋은 일호는 영서가 알려주는 대로 종이를 일정 길이로 잘라 돌돌 말고, 빨대처럼 기둥을 만들었다. 그리고 만들어진 종이 기둥들을 삼각형 형태로 하여 연속적으로 이어 붙이고, 다시 삼각형들의 꼭짓점을 종이 기둥으로 붙여 단단하게 이어줬다.

잠시 후 팀마다 결과물을 실험해 보았다. 보통은 구조물들이 버티지 못하거나 균형을 잃어서 좋은 결과를 가져오지 못했다.

하지만 영서와 일호의 것은 다행히 충격을 버티면서 균형을 유지한 덕분에 참가한 팀 중에서 가장 좋은 결과를 보여줬다. 유달리 같은 반 친구들이 많았던 이유로 "오~!" 하는 가벼운 환호성이 흘렀다.

부스 활동이 끝난 후 영서가 스탬프를 찍고 있을 때, 한쪽에서 채림이와 주앙이가 떠드는 소리가 들렸다.

"너 내일 과학 수행팀 짰니?"

"어… 아니, 아직."

일호가 잠시 머뭇거리며 말했다.

"아까 안 깨지게 한 거 네가 한 거지?"

"응…. 그렇지."

"그런 거 잘하나 보네. 팀 안 짰으면 우리 팀으로 와."

영서는 속으로 아차, 했다. '내일이 과학 수행인데 팀원이….'

팀으로 수행평가를 해야 할 때 항상 곤란한 것이 팀원을 모집하는 것이다. 보통은 친한 애들끼리 뭉치기 때문에 그렇지 못한 친구들은 팀을 짜기도 힘들다.

더구나 자기들끼리 잘하는 애들을 먼저 고르는 탓에 수행평가 점수를 신경 쓰는 입장에서는 팀원을 어떻게 짜느냐에 따라 사실상 너무나 불리하고 불공평한 평가라고도 할 수 있었다.

제대로 할 줄 아는 친구나 적극적인 친구가 없다면 혼자서 모두 뒤집어쓰거나, 평가 점수는 점수대로 나쁘게 나와서 짜증 나기도 했다. 그러다 보니 수행평가는 실력이나 공평의 관점이 사라진 사실상 인기투표로 바뀌었다.

영서는 이럴 때마다 화가 치밀어 올랐다.

쇠뿔도 생각난 김에 뺀다고, 영서는 마침 지나가던 반 친구에게 수행평가를 같이하자고 물었다.

"글쎄, 우리가 좀 못해서 잘하는 애가 있었으면 하거든."

"응. 나도 잘 할 수 있으니까 나랑 같이하자."

주춤하는 모습에 영서가 이렇게까지 말했지만, 그 친구는 곤란한 표정을 지으며 생각해 보겠다고 하고 일호가 있는 쪽으로 걸어갔다. 그리고 일호를 보더니 반갑게 손을 흔들며 말했다.

"어? 저기 일호가 있네. 내일 수행 같이하자고 말해야겠다."

"일호야…. 너 우리랑 팀 수행할래? 아까 보니까 역시 잘하던 데…."

그러자 주앙이가 한마디 쏘아붙였다.

"일호한테 우리랑 하자고 먼저 말했거든!"

일호는 자기에게 유리한 상황이라 딱히 나서지 않는 모습이다. 그러자 상대 학생 중 하나가 반문했다.

"일호는 우리랑 친하거든. 너는 일호랑 같이한 애와 하면 되잖아."

"야! 우리가 먼저 일호한테 같이하자고 말했다고! 그리고 잘하는 애 놔두고 왜 우리가 다른 애랑 해야 하는데?"

"말했잖아, 일호는 우리랑 친하다고. 그리고 같이한 애도 잘하는 것 같은데 뭐가 문제야?"

상대가 반문하자 채림이와 주앙이는 더 강하게 반발했다.

"야! 뭐가 더 잘해. 이런 일은 원래 여자보다 남자들이 더 잘하잖아. 정말 그렇다고 생각한다면 네가 걔랑 같이하자고 해. 우리는 일호 데리고 갈 거니까."

좀 떨어진 곳에서 이 모습을 보는 영서의 마음이 착잡했다. 당장 팀으로 묶을 친구도 없는 상황이다 보니, 모든 노력을 일호에게 빼앗긴 느낌마저 드는 것도 어쩔 수 없었다.

'내가 남자애라도 쟤네들이 저럴까? 아니면 나라서 저런 걸까?'

함께 생각해 봐요

1. 공동 작업을 하면서 자신의 노력이 제대로 평가되지 못한 적이 있 나요? 그 이유는 무엇이었으며, 만약 그 이유가 편견에 의한 것이었 다면 그때 기분은 어땠나요? 이러한 문제는 어떻게 해결할 수 있을 까요?

2. 편견에 의한 차별이나 구별은 왜 생겨나는 것이고, 도덕적으로는 왜 문제가 되는 것일까요?

3. 남자이기 때문에 혹은 여자이기 때문에 무엇을 잘하거나 못한다는 이야기들을 얼마나 자주 듣나요? 그 이야기들은 타당하다고 생각하 나요, 아니라고 생각하나요? 그렇게 생각하는 이유는 무엇이고 합 당한 근거가 있는지 생각해 보고, 그 이유와 근거가 도덕적으로도 올바른 것이라고 말할 수 있는지 이야기해 봅시다.

4. 함께 만든 작품이 가장 좋은 작품으로 뽑혔을 때 영서와 일호는 각 각 어떤 기분이었을까요?

5. 왜 아이들은 영서보다 일호의 공이 더 크다고 생각했을까요? 만약

나라면 어떻게 생각했을지 말해 보고, 그 이유에 대해서도 생각해 봅시다.

함께 읽는 어른들에게

올바른 도덕 판단을 내리기 위해 필요한 것은 우리가 갖고 있는 편견이나 편향을 극복하는 것입니다. 아이들에게 남성, 여성에 따른 편견이 있다면, 이것을 성평등의 관점에서 함께 이야기할 필요가 있습니다. 그것은 인간 존중, 인간 존엄성과도 맞닿은 부분입니다.

아이들이 여자이거나 남자이기 이전에 한 인간으로 타인을 바라볼 수 있도록 해야 합니다. 아이들이 편견, 편향을 극복하여 인간과 세상을 있는 그대로 바라보게 돕는 것은 공정한 마음을 키우는 출발점이 될 것입니다.

게임은 게임일 뿐이라고?

현실과 가상공간에 대한 올바른 인식

　예진이는 오늘도 쉬는 시간에 스마트폰으로 게임을 하다가 게임을 위한 깨톡의 공개방에 들어가 본다.

　사실 예진이는 딱히 게임을 좋아하는 건 아니다. 하지만 반 친구들이 모여서 게임하고 단체 채팅방에 모여 채팅하는 모습을 보면서 혼자 남겨진 것 같은 느낌이 들었다. 그래서 게임을 시작하고 단체 채팅방에 참여하게 되었다.

　예진이가 하는 게임은 주로 퍼즐을 풀거나, 돈을 내고 아이템을 사서 레벨을 올리고, 친구들끼리 연맹을 만들어 전쟁이나 이벤트 등에 참여하는 내용이었다. 그러다 보니 게임을 하는 자체가 친구들과 관계를 형성하여 교류가 많아야 했고, 협동이 필요했다.

덕분에 친구들과 함께 게임과 채팅을 하면서 혼자라는 생각이 좀 줄어든 것 같았다. 그렇다고 현실 친구가 늘어난 것 같지는 않았지만….

예진이는 오늘도 학교 가는 길에 스마트폰을 만지작거리고 있었다. 매일 해야만 하는 퀘스트가 있기 때문이다.

길을 걷는 중이라 앞에서 오는 사람들을 신경 써야 했지만, 다른 사람들도 폰을 보면서 걷곤 하니 별로 신경 쓰지 않는다. '길 건널 때나 앞에 사람이 다가올 때만 조심하면 되지 않을까?'

학교에 거의 도착할 때쯤 누군가 말을 걸어왔다.

"예진아, 너도 스몸비야?"

고개를 들어보니 미정이었다. 같이 학교를 오는 영서도 가벼운 미소를 지어 보였다.

"스몸비가 뭐야?"

"어, 스마트폰 좀비. 너처럼 스마트폰 보면서 걷는 사람들을 말하는 거지."

"스몸비라…."

"그런데 뭘 그렇게 열심히 보고 있는 거야?"

"아, 게임. 일퀘 깨느라."

"일퀘?"

"응, 매일 해야 하는 퀘스트."

"나야 단순한 게임을 좋아해서 그런 것도 있지만, 하는 거 보니 내 취향은 아닌 듯. 영서 너는 어때?"

"나는 격투 게임이나 건설 게임 같은 건 좀 하지만, 사람들이 단체로 모여서 하는 게임은 처음엔 재밌어도 아무래도 부담스러워서… 그렇다고 재미있는 것도 아니고…."

사실 예진이도 그랬다. 처음에는 재미있었지만 언젠가부터 숙제처럼 느껴지기 시작했다. 아무 생각 없이 일일 퀘스트를 깨고, 이벤트에 참여하고, 참여하지 않거나 제대로 못 하면 원성을 듣는 경우도 점점 많아졌다.

소셜네트워크 게임은 사람들의 협동심을 키운다고 하던데, 의지와 상관없이 모두 참여해야만 하는 경우라면…. 예진이는 요즘 채팅방이 돌아가는 분위기가 신경 쓰였다.

등교 전이라 그런지 비어 있는 책상이 드문드문 보였다. 민배와 경만이는 아직 오지 않은 경재 자리를 턱으로 가리키며 떠들고 있었다.

"경재 좀 너무하지 않냐?"

"너무 한 정도가 아니라 그러면 안 되지."

"아니… 우리한테 연맹 전쟁 안 왔다고 난리 칠 때는 언제고, 자기네들은 일 있다고 안 나오고 말이야."

"자기 레벨업 해야 한다고 자원 바치라고 한 한준이는 어떻고…. 채림이나 주앙이가 멋대로 빠지거나 안 할 때는 한마디도 안 하고, 누가 뭐라고 하면 괜찮다고 떠들더만."

"자기들끼리 다 해 먹으면서 협동이 어쩌고, 서로 도와야 하네 어쩌고 하는 거 보면 못 봐주겠더라."

한참 떠들던 둘이 예진이 쪽을 돌아보면서 말을 걸었다.

"너도 그렇게 생각하지 않냐? 자기들 생각은 안 하고 남한테 다 뒤집어씌우고."

"자기들이 제대로 안 해서 이벤트 점수 못 얻은 건데, 이벤트 끝날 때 들어온 애를 탓해. 레벨도 낮아서 기대하기도 힘든데."

"그거 예진이잖아."

이 말에 예진이의 얼굴이 살짝 굳어졌다.

"맞아. 레벨 낮으니 점수 얻기 어려운 게 당연한데, 이래라저래라 하면서 점수 못 얻어서 이벤트 보상 못 얻었다고 난리 칠 때 진짜 화나더라."

그 둘은 그러더니 예진이를 보며 너도 그렇게 생각하지 않느냐고 다시 질문을 던졌다. 이 말에 예진이는 쓴웃음을 짓고 말았다.

오늘따라 두 사람은 그동안 쌓인 불만을 더 많이 털어놓았다.

"레벨이 무슨 벼슬이냐? 경재나 한준이야 초반에 이 게임 한다고 아이템 엄청 사댔으니까 레벨업 쉬웠겠지.”

“내 말이. 아이템 구매로 팀 전체가 보상 얻은 거 가지고 생색내면서 자기 덕에 모두가 보호받는다고 떠들잖아. 그러면서 연맹 전쟁에서 연맹원 공격받으면 그냥 구경하면서 낄낄대고. 진짜 가관이야.”

“도와주면 피해 복구 안 된다고 구경만 하면서, 자기가 연맹 보호한다고 떠드는 건 또 뭐람?”

“아니… 게임 이벤트 구입 보상 그렇게 받고 싶으면 돈 많은 자기들이 사면 되지, 왜 우리한테 사라고 강요하냐고. 다른 사람들이 다 자기들처럼 돈 맘대로 쓸 수 있다고 생각하는 건가?”

두 사람의 언성이 높아지는 가운데, 예진이도 저녁 시간에 엄마한테 한마디 들었던 것이 생각났다. 모바일 게임에서 게임 아이템 구매를 하려면 결제하는 과정이 필요했는데, 엄마가 막아둔 탓에 허락이 필요했던 것이다.

“게임 아이템 구매하고 싶다고?”

엄마의 매서운 말투에 예진이는 살짝 고개를 숙이며 조그만 목소리로 “네….”라고 답했다. 물론 기대는 하지 않았지만.

“예진이 너 요즘 공부도 제대로 안 하고 스마트폰만 만지작거리더니 그런 게임이나 하고 있는 거니?”

“아니…. 하루종일 하는 것도 아니고 가끔 하는 건데….”

“뭐?! 맨날 보면 스마트폰 바라보면서 게임하던데? 화장실 가서도 게임 하느라고 안 나오잖아!!!"

변명해 보았지만 통하지는 않았다. 사실 엄마가 화낼 거라고 생각도 했고, 예진이도 딱히 아이템 구매를 하고 싶었던 것은 아니었다.

남자애들이 떠드는 것 외에 여자애들도 부담스러운 면이 있었다.

사실 여자애들은 전체 단톡방과는 별개로 여자들만 모이는 단톡방이 있는데, 거기서는 채림이와 주앙이가 주도를 하고 있었다. 그러다 보니 아이템 구매나 이벤트 참여에 대한 압박이 더 커질 수밖에 없었다.

채림이나 주앙이도 자기 하고 싶은 대로 빠지기도 하고 안 하기도 했지만, 정작 다른 사람들이 안 하거나 빠지면 정말 대놓고 심하게 따돌림을 했기 때문이다.

상대가 누구인지 대놓고 밝히지는 않아도 인사하거나 무언가 물어보면 답하지 않았다. 또 대화하는 걸 들으면 누구라는 게 뻔히 드러날 정도로 말하곤 했다. 그러나 자기가 그 대상이 될까 봐 누구 하나 뭐라고 하지 못했다.

더 힘들었던 것은 채팅방뿐만 아니라 학교 교실에서도 똑같이 그 짓을 하고 있었던 것이다. 예진이도 당하고는 있지만 그 무반응과 무시는 정말 참기 힘들다.

심한 말을 직접 하지는 않지만 싸늘한 표정을 하고, 상대방을 무시하는 것을 암시하며 더 크게 까르르 웃는 모습, 그리고 자기도 희생양이 되고 싶지 않아 동조하는 주변 애들 모습이 더 마음을 괴롭게 했다.

차라리 저 둘처럼 대놓고 싸울 수 있다면 속이 편했을지 모른다.

예진이가 한숨을 쉬며 이런저런 생각을 하는 동안 경재와 한준이도 등교를 했던 모양이다. 그리고 민배와 경만이가 한 소리를 들었는지, 아니면 민배와 경만이가 경재와 한준이에게 따졌는지는 모르겠지만 한바탕 말싸움이 벌어졌다.

"우리가 널 얼마나 배려했는데 넌 그렇게 뒤통수나 치고 있냐!!"

"배려?! 배려 좋아하네. 늬들은 맘대로 하면서 다른 사람들에게 이래라저래라 하고, 제대로 안 되면 무슨 왕인 양 짜증 내는 게 배려냐?"

경재와 한준이는 민배와 경만이를 배신자나 기회주의자로 몰아가고 있었다. 민배와 경만이도 경재와 한준이를 좋은 말로 자기를 치장하면서 실제로는 자기 맘대로만 하고 다른 사람들을 부려 먹는다며 싸우기 시작했다.

그러자 예진이 마음속에 여러 목소리가 들려왔다.

'나도 화난 거나 속상했던 거 말하고 안 그랬으면 좋겠다고 말할까? 나만 그냥 속으로 끓이는 것도 문제 아닐까? 계속 그러면 당연히 나한테 막 대해도 되는 걸로 알 텐데?'

하지만 한편에서는 조용히 게임하고 싶은 마음도 간절했다.

'이러다가 연맹 깨지면 지금처럼 조용히 게임하기도 힘들 텐데….

다투는 애들한테 친구끼리인데 사이좋게 지내야 한다고 말하면서 잘 해보자고 해야 할까? 하지만 이미 갈라설 대로 갈라선 것 같아서 의미는 없을 듯한데…. 아냐. 잘 구슬리면 다른 때처럼 대충 게임은 계속할 수 있을지도 몰라.'

그러나 선뜻 나서기에는 무언가가 예진이의 발목을 잡는 듯했다.

'어차피 게임인데 너무 나대는 거 아닐까? 잘못하면 대놓고 싸우게 되는데, 싸우는 건 무서워…. 거기다가 굳이 여기서 말했다가 쟤들한테 밉보이면, 그다음부터는 상대도 안 해줄 텐데…. 그냥 꾹 참고 가만히 있는 게 최선 아닐까?'

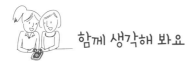

요즘은 과거와 달리 인터넷과 그에 따른 가상공간에서의 활동이 증가하고, 또 그 안이 현실세상보다 편해지는 모습을 발견하기도 합니다.

특히 게임이란 가상공간은 현실에서의 부담감이 적어 사회성 훈련이 쉬울 수도 있습니다. 하지만 약한 사회관계로 인해 현실보다 갈등과 경쟁 상황이 부추겨지고 도덕적으로 어려움을 겪을 수도 있습니다.

스마트폰이 일상이 되면서 게임도 하나의 삶의 영역이 되었습니다. 여러분은 온라인 게임을 단순히 스트레스 해소용이나 재미로 하고 있나요? 아니면 학교생활에 지장을 줄 정도로 게임의 재미에 깊이 빠져 있나요?

1. 예진이와 엄마는 무엇 때문에 갈등을 겪고 있나요? 예진이와 엄마의 입장에 관해 각각 생각해 보고, 이 둘의 입장에 대해 나는 어떻게 생각하는지 이야기해 봅시다.

2. 경재와 한준이, 그리고 민배와 경만이가 말다툼을 벌인 이유는 무엇인가요? 한준이와 민배는 왜 서로에게 화가 난 것일까요?

3. 내가 즐겨 하는 게임이 있나요? 어떤 게임이며 그 게임을 할 때 기분은 어떤가요?

4. 만약 내가 예진이의 엄마라면 예진이에게 어떤 말을 하고 싶을지 생각해 보고, 그 이유에 대해서도 말해 보세요.

5. 예진이는 지금 어떤 기분인가요? 내가 만약 예진이라면 어떻게 행동할 것 같고, 그 이유는 무엇인가요?

함께 읽는 어른들에게

온라인 게임 속 상황은 현실에서 벌어지는 문제와 별다른 것이 없습니다. 게임에서의 영향은 그대로 아이들의 현실 세계에 연결되기도 하지요. 그런데 게임은 게임일 뿐이기에, 이것을 현실로 끌고 올 경우 문제가 발생하기도 합니다.

게임 내에서 발생하는 아이들끼리의 갈등은 주로 성과 분배 문제와 참여 강요에 대한 것인 경우가 많습니다. 현실적으로는 친분을 위한 것이라고 하지만 오히려 이것이 현실의 관계를 깨트리는 요인으로 작용하기도 합니다.

따라서 선생님과 부모님께서는 아이들의 특성, 특히 도덕적 특성을 이해하고 아이들이 가상의 세계와 현실의 세계를 분명히 구분하도록 도울 필요가 있습니다. 그럼에도 불구하고 가상에서의 도덕적 딜레마와 책임 문제는 그대로 현실 세계로 연계될 수 있다는 점도 아이들과 이야기 나누어 보시기 바랍니다.

또한 아이들의 스마트폰 사용 습관은 선생님, 부모님과 아이들의 갈등 원인이 되기도 합니다. 아이들과의 대화에서 정서적인 측면도 함께 고려하시기 바랍니다. 현실과 가상공간에 대한 올바른 인식을 통해 타인과 적합한 관계를 형성할 수 있도록 아이들의 자아 형성을 도와주시기 바랍니다.

누가 돈 주고 봐?

저작권을 침해하게 하는 변명

즐거운 현장 체험 학습일 아침이지만, 그날 아침부터 벌어졌던 게임 내 갈등은 여전히 진행형이었다. 서로가 서로를 못 본 체하며 따로 노는 건 게임뿐만이 아니었다.

남자 여자 할 것 없이 누구네 편이네, 누구네 라인이네 하면서 계속 편 가름을 하고 다투고 있었다.

예진이도 다른 친구 몇몇과 함께 게임을 접었지만, 게임을 그만둔 사람들은 또 그만뒀다고 한소리를 듣고 있었다.

현장 체험 학습은 학교 운동장에 모여 버스를 타고 가게 되어 있다. 반마다 나눠서 타고 가게 되어 있지만, 자리는 번호순으로 정해지는 것이 아니라 원하는 자리에 앉는 방식이었다. 친구가 많은 사람은 별걱정이 없겠지만, 딱히 친한 친구가 많지 않다면 걱정거리다.

버스에 타기 위해 반마다 모여 서 있는 동안 예진이는 같이 타고 갈 친구를 찾고 있었다. 다들 둘씩 짝지어 있어 중간에 끼어들기 힘들어 보였다. 하지만 짝을 못 찾으면 남자애랑 같이 앉아 가야 할지 모른다. 그건 한마디로 반에서 사회성 없는 애라고 광고하는 거나 마찬가지였다.

그러던 중 예진이 눈에 미정이가 보였다. 평소에 같이 다니던 영서가 안 보이는 것 같았다. 미정이는 평상시에 따르는 애들도 있고, 다들 친하게 지내는 듯하니 예진이도 부담스럽지 않을 것 같다.

예진이는 늦기 전에 재빠르게 미정이에게 같이 앉아 가자고 물어보았다. 미정이는 "그래!" 하고 받아줬다.

다행이라는 마음으로 버스에 올라탔다. 좀 늦게 도착한 영서의 얼굴이 좀 굳어 보였지만, 예진이는 애써 모른 체했다.

버스가 출발하자 잠시 떠드는 소리로 소란스러웠지만, 창문 밖을 보는 친구, 스마트폰으로 게임하는 친구, 잠자는 친구들이 많아지면서 버스 안은 다시금 조용해졌다.

예진이도 슬슬 심심해져 아까부터 미정이가 하던 스마트폰 게임을 보고 있었다.

"어? 이 게임은 광고가 없네."

"응."

"돈 주고 산 거야? 부모님이 허락하시지 않으셨을 텐데."

"왜 돈 주고 사? 핵 버전이야."

"핵 버전이 뭐야?"

"응. 크랙이나 해킹된 프로그램을 말하는 거야. 무한 생명이나 무한 자원 같은 것도 가능하게 한 앱도 많이 있고. 영서가 알려줬어."

공짜 게임이란 말이 예진이의 관심을 확 끌어당겼다.

"어떻게 하는 건데?"

"내가 링크 공유해 줄게."

이후 미정이는 간단한 설명과 함께 링크를 공유하면서 차근차근 설명해 줬다. 하지만 예진이는 살짝 걱정이 됐다.

"그런데… 불법 다운로드한 거 바이러스 감염된다고 그러던데 괜찮은 거야?"

"응. 그러니까 백신 프로그램 두 개나 깔아뒀지. 난 이제까지 별일 없었어. 그리고 영서가 알려준 데는 거기 주인장이 그런 거 다 신경 써서 올려서 괜찮은 것 같아."

"그래?"

예진이도 미정이가 하라는 대로 백신 프로그램들을 깔고, 앱을 다운받아 게임들을 실행해 보았다.

"좋지? 자원도 무한이고, 레벨업도 엄청 쉽고."

"오… 이런 것도 되네. 돈 주고 게임 산 애들이 불쌍할 정도로."

돈 주고 사야 하는 아이템도 무료로 얻고 게임 레벨도 맘대로 올릴 수 있게 되니 예진이의 눈이 확 떠졌다. 미정이와 예진이는 서로 신이 나서 말없이 게임에 빠져들었다.

어느 정도 지나자 미정이는 드라마를 보기 시작했다.

"어? 어제 했던 드라마네. 나도 못 봤는데. 이것도 공짜로 다운받은 거야?"

"응."

"이건 돈 주고 보는 걸로 알았는데, 이것도 다운받을 수 있어?"

"당연하지. 드라마든 영화든 노래든 다 있어. 우리는 돈이 없잖아? 학생이니까."

"그래도 요즘 단속이 심하다고 하던데…."

미정이는 드라마 화면에서 얼굴을 돌리지도 못한 채 답해줬다.

"어차피 TV 방송에서 했던 거잖아. TV로 보든 스마트폰으로 보든 상관없지 않아?"

"그래도 돈 주고 사는 거라…."

"그냥 시간 차이만 있는 거잖아. 어제 방송으로 봤다면 사실 다운받아 보지도 않았을 거고, 딱히 손해를 주는 일도 아니고. 이거 아니어도 돈 많이 벌 텐데 이 정도쯤이야 뭐가 문제되겠어?"

"그래도 영화 같은 것은 정말 그렇지 않나?"

"얘는 걱정도 많아. 나 이 영화 극장에서 봤거든. 재미있어서 또 다운받아서 보는 거고. 영화관에서 봤으니 이미 돈을 낸 거 아냐?"

"그… 그런가?"

"그리고 돈도 없는 우리가 뭘 돈 많은 사람들 걱정을 해~ 어차피 우리가 그걸 사람들에게 팔 것도 아니고, 그냥 혼자서 보다가 지울 건데 말이야."

미정이의 말에 예진이는 딱히 할 말이 없었다.

함께 생각해 봐요

1. 친구를 독점할 수 있을까요? 자신의 것이라고 혹은 자신의 영역이라고 생각하는 곳에 다른 사람이 끼어들어 왔을 때 어떤 기분이 들까요? 그리고 그 기분을 어떻게 조절하는 것이 도덕적이며 현실적인 방안일까요?

2. 저작권에 대해 알고 있나요? 저작권은 어떤 의미이고, 그 저작권을 지킨다는 것은 도덕적으로 어떤 의미가 있을까요?

3. 저작권을 침해하면서 나오는 변명이나 근거들은 정말 합당한 것일까요? 미정이의 이유들이 합당한지 생각해 보고 그 이유에 대해서도 고민해 보세요.

4. 유료 · 무료의 의미를 넘어(재산권의 보호를 넘어) 저작권을 존중한다는 것(저작권자에게 혹은 기타의 경우에)은 어떤 도덕적 의미가 있고, 그 이유는 무엇일까요?

함께 읽는 어른들에게

본 에피소드는 단순히 저작권을 보호해야 창작 의지가 생겨나고, 기술 개발이 이루어지며, 재산권을 보호할 수 있다는 의미를 제시하기 위함이 아닙니다. 저작권을 침해하게 하는 변명이나 근거들, 즉 도덕적 의무의 약화를 가져오는 근거에 대한 반박이 주요 안건입니다.

아이들은 때로 어떠한 상황과 결정에서 자신들이 제시한 이유가 합당한 것이라고 인식하는 경우가 많습니다. 합당한 이유와 그렇지 않은 이유를 구분할 수 있도록 아이들과 함께 제시된 질문에 관해 깊이 있게 이야기 나누어 보시기 바랍니다.

또한 친구 문제에서는 다문화와 관련해서도 연관 지어 생각해 보게 할 수 있습니다. 아이들이 생각하는 내집단의 범위가 어느 정도인지, 그리고 내집단에 다른 사람이 들어왔을 때 갖게 되는 정서와 생각은 무엇인지도 이야기 나누어 보시기 바랍니다. 이러한 정서와 생각이 도덕적인 것인가에 대해서도 고민하도록 도와 주시기 바랍니다.

도와주는 거야, 마는 거야?

진정한 이해와 존중

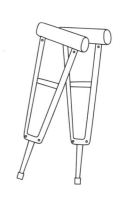

　　버스 안은 출발할 때에 비하면 아주 차분하고 조용한 상태였다. 간혹 게임하면서 낄낄대거나 혹은 수다 떨다 까르르 웃는 소리를 빼면 꽤 차분했다.

　　앞자리를 흘낏 보니 예진이가 미정이와 스마트폰을 보며 뭔가 말하는 모습이 보였다. 영서는 자기도 모르게 눈을 살짝 찡그렸다.

　　원래 영서는 현장 체험 학습에 가는 버스에서 미정이와 앉으려고 생각하고 있었다. 그런데 조금 늦었더니 점찍어 뒀던 미정이를 놓쳐버렸다. 다른 친구를 찾아보려고 했지만 다들 짝을 지어 미리 자리를 차지해 놓았기에 계속 짜증 나 있었다.

남은 자리가 없던 예진이는 소미 옆자리를 앉게 되었다. 소미와 간단히 인사하는 동안 버스는 출발하게 되었다.

버스가 출발한 후 소미는 말없이 차창 밖만 바라보고 있었다. 영서도 그저 창문 밖만 바라보고 있었다.

'애 이름이 소미던가?'

평소 소미는 겉도는 모습을 자주 보여 주던 아이였다. 소미와 가까이 앉아 본 것은 이번이 처음 같았다. 그런데 옆에 앉아 보니 오히려 더 낯선 느낌이 들었다.

소미는 좀 오래되고 닳은 흔적들이 보였지만 깨끗한 옷을 입고 있었다. 그리고 목발들을 한편에 세워두고 있었다.

"불편하지? 치울게."

소미는 목발들을 창 쪽으로 치웠다.

"아냐, 아냐. 복도 쪽으로 옮길게."

영서가 황급히 소미의 목발을 잡아 복도 쪽으로 옮겨 놓으려 하자, 소미는 살짝 상기된 표정으로 급하게 목발을 다시 잡아챘다.

"아, 괜찮아. 내 옆에 둬야 안심이 돼서."

"그래도 불편하지 않겠어? 내가 간수해도 되는데."

"아냐, 정말 괜찮아. 내가 알아서 할게."

소미가 좀 쌀쌀맞은 듯해서 영서는 가만히 있었다.

버스가 달려가는 동안 소미는 주로 창밖만 보고 있었다. 앞쪽의 예진이와 미정이는 뭔가를 같이 보고 있었다.

'드라마나 영화 보고 있나 보네.'

앞쪽 눈치를 보던 영서는 가방 속에 껌을 꺼내며 다시금 소미에게 말을 걸었다.

"이거 같이 먹을래?"

소미도 싫지 않았는지 고맙다며 껌을 씹기 시작했다.

"엄마가 그러는데, 멀미가 날 때 껌 씹으면 좀 낫대."

"…응. 고마워."

소미는 왜인지 눈동자를 아래로 향했다가, 이내 고개를 돌려 다시 창밖을 보기 시작했다.

"괜찮니?"

"…응. 괜찮아."

살짝 풀이 죽은 목소리는 아까보다 더 작게 들렸다. 또다시 정적이 흘렀다.

어느덧 버스는 목적지인 놀이공원에 도착했다.

"자, 버스 멈추면 앞에서부터 천천히 내리세요."

선생님의 안내와 함께 학생들이 서둘러 내리고 있었다. 소미는 몸이 불편하기 때문에 맨 나중에 내리려 했다.

반에서 미리 정한 바대로 현장 체험 학습 날 소미의 옆자리에 앉은 영서는 오늘 소미를 도와야 하는 당번 역할을 맡게 되었다. 뜻하지 않았지만, 영서는 그에 상관없이 소미를 도와주고 싶은 생각이 들었다.

반 애들이 거의 다 빠져나가자 소미도 나갈 준비를 하고 있었다.

영서는 재빨리 목발을 잡아서 소미에게 건네주려고 하다가, 동시에 목발을 잡으려던 소미와 엇박이 나면서 마치 목발을 빼앗은 것 같은 모습을 연출했다.

소미는 살짝 얼굴을 찡그리더니 목발을 낚아채며 말했다.

"난 괜찮아. 안 도와줘도 돼."

소미가 일어서려고 하자, 영서가 손을 내밀어 소미의 손을 잡으려 했다.

"괜찮아, 영서야. 손잡이 잡고 일어설 거니까."

영서는 좌석을 손잡이 삼아 버스 복도를 걸었다. 절뚝거리긴 했지만, 소미는 꾸준히 앞으로 나아갔다. 하지만 턱이 진 버스 운전석 쪽과 출입문 쪽에서는 잠시 멈춰 섰다. 아까의 일 때문에 영서는 어떻게 도와줘야 할지 몰라 잠시 망설이고 있었다.

밖에서 먼저 모인 반 친구들이 떠드는 소리가 들려왔다.

"야! 왜 빨리 안 가고 여기 있는 거냐?"

"다 나와야지 출발하지."

"뭐야? 누가 이렇게 뭉그적거리고 있는데?"

소미의 얼굴이 살짝 상기된 듯했다. 손놀림도 아까보다 더 서두르고 있었다. 숨이 약간 가빠진 소미는 당황한 모습까지 보였다. 영서는 이 모습을 보면서 어찌할 바를 몰랐다.

소미가 약간 신경질적인 말투로 영서에게 말했다.

"나 좀 도와줘. 가방이랑 목발 좀 들어줄래?"

그제야 영서는 소미보다 앞서 버스에서 내리면서 가방과 목발을 들어주었다. 소미의 가방은 생각보다 가벼웠지만, 가벼운 만큼 걸리적거리며 동작에 방해가 되는 듯했다.

버스 문에 있는 손잡이와 오른쪽 벽을 잡고 내려오던 소미에게 마지막 계단은 최대의 난관인 듯 보였다. 영서가 재빨리 손을 내밀었다. 하지만 손보다는 목발을 받으려던 소미가 오히려 넘어질 뻔했다.

다행히 바로 목발을 잡아서 넘어지지는 않았다. 소미가 비로소 안도하는 모습으로 영서에게 말했다.

"고마워. 하지만 다음엔 팔만 내주거나 그냥 목발을 주면 될 거야."

영서는 살짝 부끄러운 생각이 들었다.

'또 실수한 걸까?'

소미는 가방과 목발을 건네받고 반 친구들이 모여 있는 곳으로 걸어가고 있었다.

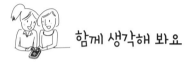

1. 버스에서 내릴 때 소미의 마음은 어땠을까요?

2. 버스에서 내리는 소미를 도와주던 영서는 왜 부끄러운 생각이 들었을까요?

3. 친구를 도와주고 싶었던 적이 있나요? 왜 그러한 마음이 들었나요?

4. 실제로 친구를 도와준 적이 있다면 언제, 어떻게 행동했었는지 이야기해 보고, 그러한 행동을 하고 난 후 어떤 기분이 들었는지 말해 보세요.

5. 내가 소미라면 영서가 버스 안에서 어떻게 해주기를 바랐을 것 같고, 그 이유는 무엇일까요?

함께 읽는 어른들에게

　본 에피소드는 이해와 존중에 대한 것입니다. 누군가를 제대로 돕지 못한다면, 혹은 안 돕느니만 못한 결과가 초래되었다면 아이들이 이를 어떻게 해석할 것인가, 도덕적으로 어떻게 보아야 하는가를 생각해 보도록 도와 주시기 바랍니다.

　아이들은 때로 장애가 있는 친구를 도와주고 싶은 마음이 있어도 실제로 어떻게 대해야 하는지, 어떻게 도와주어야 하는지 잘 알지 못하는 경우가 많습니다. 이는 어른도 마찬가지입니다.

　아이들과 함께 장애를 가진 친구들을 돕는다는 것은 무엇인지, 어떻게 도와야 하는지 등 구체적인 경험을 토대로 이야기 나누어 주시기 바랍니다. 또한 장애를 가진 학생이나 자녀가 있다면 이들이 정작 필요로 하는 것이 무엇인지도 함께 이야기 나누어 보시기 바랍니다.

아마 도와준 애도 자소서 써야 했나 봐

차별과 배제

드디어 놀이동산에 도착했다. 어떤 친구들은 자유이용권을 사며 이걸 타야지, 저걸 타야지 하며 한껏 들떠 있었다.

예진이는 미정이와 찰싹 붙어 있어서 틈이 보이지 않았다. 가장 난처할 때는 친구들과 다닐 때 홀수로 묶이는 것이다. 둘 혹은 짝수로만 있으면 둘씩 뭉쳐 짝꿍이 되지만, 셋이나 홀수가 되면 둘과 하나로 나뉘게 되기 때문이다.

영서의 오랜 경험상 그렇게 되면 남은 한 명은 꿔다놓은 보릿자루가 되곤 했다.

'그렇다고 남자애들이랑 다니는 것도 좀 그렇다.'

이렇게 생각하며 주변을 돌아보았지만 여자애들은 이미 짝꿍이 정해져 버린 상태였다. 어떤 애들은 오자마자 휴게실이나 벤치에 앉아 스마트폰으로 게임을 하고 있었다.

영서는 '혼자서 그냥 돌아다닐까?' 하다가 괜히 사회성 떨어지는 애라고 다른 아이들이 생각할까 봐 걱정되기도 했다. 용기 내어 그냥 혼자서 돌아다니는데, 역시 재미는 없었다.

영서는 돌아다니다 식물 정원의 벤치에 앉아 있는 소미를 보았다. 그리고 이른 점심인지, 조그만 주먹밥을 물과 함께 먹으려고 하고 있었다.

"어! 소미야."

"응, 영서구나. 아까는 고마웠어. 애들한테 짐이 될까 봐 서두르다가 인사도 못 했네."

"제대로 도와주지도 못했는데 뭐…. 점심 같이 먹을래?"

"너는 놀이기구 같은 거 안 타?"

"응. 그냥 재미없어서. 너는?"

소미는 힘없이 웃으며 놀이기구를 바라보았다.

"나는 뭐, 비싸기도 하고…. 그렇잖아. 다리가 이렇다 보니 인연이 없지."

"그래? 사실 나도 돈이 많지 않아서 좀 꺼려지긴 해."

잠깐의 침묵 후 둘은 점심을 나눠 먹기 시작했다. 식사하는 소미의 즐거운 모습은 아까 있었던 일의 미안함에 대한 위로가 되었다.

얼마 지나지 않아 영서는 화장실이 급해졌다.

"소미야. 나 화장실 좀 갔다 와야 하는데 같이 갈래?"

"아니, 됐어. 갔다 와. 짐은 내가 맡아둘게."

"괜찮겠어?"

"화장실 갔다가 여기 앉은 건데 마침 네가 바로 온 거였거든."

"그래? 그럼 부탁 좀 할게."

영서는 눈에 보이는 화장실로 재빨리 뛰었다. 이른 점심시간이라서 그런지, 아님 주말이 아니라서 그런지 사람이 많지 않았다.

안으로 들어가자 화장실 입구 쪽에서 익숙한 목소리가 들려왔다.

"그거 재미있지 않냐?"

"난 무서워서 혼났어."

"몇 번 타보면 괜찮아져."

깔깔거리던 주앙이가 채림이에게 질문을 던졌다.

"너 자소서 준비는 하고 있어?"

"뭐 늘 하는 일인걸."

사실 일부 애들이 채림이에게 모이는 이유는 그 애 엄마 때문이기도 했다. 그 애 엄마는 엄마들 사이에서 정보통이라고 불리고 있다.

"쓸 게 없어 고민이야."

누군가의 목소리에 주앙이가 맞장구쳤다.

"맞아. 아무리 자소설이라고는 하지만, 판에 박힌 말들뿐이라."

채림이가 자비를 베풀듯이 느긋한 목소리로 말했다.

"요령 하나를 알려주자면 말이지…."

"뭔데?"

"소미라는 애 알지? 다리 불편한 애 말이야. 가끔 기회가 되면 걔 숙제 같은 거 도와주거나 해 봐."

"그래? 그래서 뭐?"

"괜히 자소설이겠냐?"

채림이는 살짝 웃으면서 한 수 알려준다는 말투로 말을 이어갔다.

"그리고 자소서에 집안 형편이 어렵고, 장애를 가진 친구를 도와줬다는 내용을 써주면 오케이지."

"아~"

다른 아이들의 탄복이 이어졌다. 채림이가 말을 이어나갔다.

"대충 이런 요령이야. 아마 자소서 써주는 학원에서도 그런 식으로 써줄걸? 그리고 면접이나 그런 데서는 그에 대해서 자세히 물을 테니까 그 애 사정에 대해서도 어느 정도 알아둬야 하고."

"그래? 걔네 집은 뭐 하는데?"

"우리 엄마가 그러는데, 걔네 엄마가 집을 나갔다고 하더라고. 그래서 그 집 아빠가 혼자서 애들을 돌본다나?"

"그래? 어떻게 알아?"

"학부모 모임이나 엄마들 모임에 하도 안 나와서 연락해 봤더니 걔 아빠가 받으면서 사정을 설명했나 봐. 그리고 한 번인가 학부모 모임에 나왔는데, 엄마 말에 따르면 꽤 볼품없었대. 그다음부터는 엄마도 콧방귀를 뀌더라."

채림이는 뭔가 우쭐한 목소리로 이어나갔다.

"그리고 남동생 하나가 있는데, 소미가 돌본다고 하더라. 사실상 소녀 가장이라고 할 수 있지. 그래, 이것도 쓰면 되겠네. 소녀 가장을 도왔다는 내용."

"아, 나 걔네 집 알아."

주앙이가 한마디 거들기 시작했다.

"그래?"

"내 동생이 그러는데, 준비물도 잘 안 챙기고 뭐 하라고 하거나 부담 질 일 있을 땐 툭 하면 빠지고 그런대. 말썽쟁이라던데?"

주앙이는 신이 났는지, 아니면 자기를 돋보이게 하고 싶었는지 목소리가 점점 더 커지고 있었다.

"저번에 내 동생이랑 싸웠는데 걔 얼굴에 상처를 냈나 봐. 걔네 아빠가 와서 치료비 내놓으라고 하도 떠들어서 우리 할머니가 돈 십여만 원을 그 아빠라는 사람 얼굴에 던져버리고 문을 닫았대. 우리 아빠 엄마도 욕하더라고. 애들이 어려서 싸울 수도 있고 다칠 수도 있지 뭘 건 수 만났다고 난리냐고.”

주앙이의 목소리는 꽤 당당하고 자신감 있게 들렸다. 그러다 또 다른 누군가가 화제를 돌리려고 했는지 질문을 던졌다.

“그런데 오늘 소미 왔냐? 나도 말문 좀 터놔야 할 듯한데.”

“아까 버스에서 제일 나중에 내렸잖아. 그리고 서두를 필요 없어.”

“누가 걔 도와주고 있는 것 같았는데….”

“걔랑 같이 앉는 애가 담당하는 거잖아. 아마 도와준 애도 자소서 써야 했나 봐.”

잠시 후, 아이들이 자기 볼일을 다 봤는지 더 이상 아무 소리가 들리지 않았다. 눈치를 살피며 영서도 화장실을 나와 소미가 있는 쪽으로 돌아갔다.

화장실에서 늦게 나와 미안하다는 말과 함께 차가운 음료수 하나를 소미에게 건네주었다.

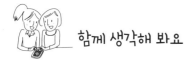

함께 생각해 봐요

　배려가 부족하면 차별이나 배제로 이어지는 상황이 자주 발생합니다. 우리의 삶에서 왜 배려가 중요한지 생각해 봅시다.

1. 소미는 정말 놀이기구가 재미없어서 타지 않았을까요? 다른 이유가 있다고 생각한다면 그에 대해 이야기해 보고, 그렇게 생각하는 이유도 생각해 봅시다.

2. 몸이 불편한 친구를 대할 때 어떠한 태도와 마음을 갖고 있나요?

3. 화장실에서 소미에 대해 떠들던 아이들의 이야기를 듣고 영서는 어떤 기분이 들을까요? 왜 그렇게 생각하나요?

4. 만약 화장실에서 주앙이와 채림이가 소미에 대해 하는 이야기를 들은 게 나라면 어떤 기분이 들었을까요? 만약 내가 소미였다면 그 얘기를 들었을 때 어땠을까요?

5. 영서와 같은 아이와 주앙이나 채림이 같은 아이 중 어떤 모습이 더 바람직하며, 그 이유는 무엇인가요?

6. 소미에 대해 험담하며 당당한 주앙이의 모습에 어떤 기분이 드나요? 주앙이의 모습에 대해 불편함을 느꼈다면 그것은 어떤 부분에 대한 불편함일까요? 내가 소미나 영서라면 주앙이에게 어떻게 할지 생각해 보고, 그 이유에 대해서도 말해 봅시다.

7. 화장실에서 나와 소미에게 음료수를 사준 영서는 어떤 마음일까요? 만약 나라면 어떤 마음이었을까요?

함께 읽는 어른들에게

아이들은 어른들과 마찬가지로 내집단 형성과 외집단 배제의 성향을 갖고 있습니다. 아이들도 다른 사람을 목적이 아닌 자신의 삶의 도구로 생각하는 모습을 종종 보이기도 합니다.

아이들의 말, 태도, 행동이 때로는 대수롭지 않게 여겨질 수 있습니다. 그러나 아이들의 이러한 작은 행동과 말은 성인이 된 이후 변하기 어려운 하나의 인격을 형성하기도 합니다.

아이들은 저마다 다른 성정을 갖고 자라납니다. 다른 친구들을 존중하는 아이들이 있는가 하면, 자신보다 못하다고 생각하는 타인을 무시하고 폄훼하는 아이들도 있습니다. 여러분은 자녀와 학생들이 어떠한 인격체로 자라길 바라시나요?

때로 아이들조차 겉과 속이 다른 면을 사회생활이라고 보는 경우도 있습니다. 도덕적으로 아이들이 이를 어떻게 볼 것인가 함께 이야기 나누어 보시기 바랍니다. 뒷담화는 집단 따돌림으로 이어질 수 있으며, 이것은 도덕적으로 바람직하지 않음을 아이들에게 명확히 해주시기를 바랍니다.

꽃길만 걸을래… 나 혼자만!

정정당당한 경쟁과 협동

휴일도 많고 행사도 많은 5월이라서 그런지 소풍 이후 들뜬 반 분위기는 가라앉을 줄 모르는 듯했다. 스승의 날을 앞두고 학급회의가 열렸다. 회의가 끝나갈 무렵 회장이 마지막 안건을 말했다.

"여러분도 알다시피 며칠 후 스승의 날입니다. 그래서 선생님께 감사의 마음을 담아 선물이나 꽃다발을 드리려고 하는데 어떤 식으로 드릴지 의견을 묻습니다. 반 전체가 돈을 모아 반대표가 드릴까요, 아님 각각 드릴까요?"

아이들의 의견이 모이는 데는 그리 많은 시간이 소요되지 않았다. 다수가 조용히 있는 가운데 채림이가 자기 의견을 말했다.

"엄마들이 모여서 꽃을 준비하신다고 하셨으니까 따로 돈 모을 필요 없이 그걸로 대체하는 것이 좋을 것 같습니다."

그 외에는 별다른 의견이 없었기에 다음 사안으로 넘어갔다.

"꽃다발 준비는 부모님들이 하기로 하셨으니 이제는 스승의 날에 누가 대표로 선생님께 드릴지 논의하겠습니다."

이에 한 학생이 의견을 냈다.

"교탁에 꽃다발을 올려놓고 함께 노래 불러드리는 게 어떨까요?"

그러나 교실 한쪽에서 다른 의견이 나왔다.

"그러기보다는 차라리 대표자를 뽑아서 전해 드리고 그때 노래 불러 드리는 게 좋을 듯한데?"

대표자를 뽑자고 하자 아이들은 이구동성으로 그것이 더 좋겠다고 말했다. 이에 민배가 큰 목소리로 혼잣말하듯 말했다.

"그럼 회장 부회장이?"

그러자 주앙이가 갑자기 손을 들어 말했다.

"회장! 그런데… 그렇게 되면 꽃을 준비하시는 부모님들을 무시하게 되는 것이 됩니다. 그러니까 대표 엄마를 대신해서 채림이로 하는 게 어떤가요?"

하지만 영서의 생각은 좀 달랐다. 사실 채림이 엄마가 주도한다고 해도 비용은 엄마들이 각각 부담하는 것이었고, 채림이 엄마가 학부모 대표라고 해서 채림이가 나서는 것은 무엇인가 안 어울린다.

영서가 손을 들고 말했다.

"회장!"

"네, 영서 말씀해주세요."

영서는 잠시 주춤거리다가 말을 이어나갔다.

"저기, 아무래도 스승의 날은 상징성도 있고 하니까…. 어… 그러니까…."

영서의 주저하는 모습에 오히려 반 친구들은 영서의 발언에 집중하기 시작했다. 그러자 영서 목소리가 더 떨리기 시작했다.

"어… 제 생각에는 감사하다는 의미에서… 소미가 대표로 선생님께 꽃다발을 드리면 어떨까요?"

교실 분위기는 의외였다. 채림이나 주앙이 같은 소위 정의파 애들은 뭔가 화난 표정으로 영서를 바라봤다. 일부는 영서를 바라다보고, 또 다른 학생들은 소미를 바라봤다. 소미는 빨개진 얼굴을 살짝 숙이면서 표정이 굳어져 있었다.

주앙이가 한마디 쏘아붙이기 시작했다.

"아까도 말했지만, 그러면 준비해 주신 부모님들을 무시하게 됩니다. 거기다가…."

웬일인지 민배가 중간에 끼어들어 영서의 의견에 힘을 보탰다.

"저는 영서 의견이 좋다고 생각합니다. 그러는 것이 선생님께서 더 기쁘실 것이라고 생각합니다."

다른 한 편에서는 또 다른 의견이 나왔다.

"그냥 회장과 부회장이 하는 것이 낫지 않을까요? 괜히 사람 수 늘어나면 어수선할 것 같은데…."

주앙이가 자기 의견을 계속해서 말했다.

"그러니까 회장. 꽃을 만들어 준 부모님들 대표 자녀가 격식에 맞춰서 해야 어색하지도 않고 근사해진다는 것입니다."

정의파 애들을 좋게 생각하지 않는 친구들은 이 말의 의미를 잘 알고 있었다. 그냥 생색내는 데 자기네가 빠지면 안 된다는 그런 이야기라는 것을…. 하지만 대다수는 이들의 눈치를 보는 편이었고, 나머지 친구들은 별 관심이 없었다. 그냥 보기 좋게만 하면 된다고 생각하는 분위기였다.

채림이가 추가로 의견을 보탰다.

"그런데 정작 소미 본인에게는 부담만 될 것이라고 생각합니다. 본인의 의사를 묻지도 않고 하라고 말하는 것은 소미에게도 이득이 될 것 같지는 않은데요?"

소미는 아직도 얼굴을 굳힌 채 책상을 바라보듯 살짝 고개를 숙이고 있었다. 그 모습을 보자 영서도 걱정이 되기 시작했다.

'내가 괜히 소미 이름을 말해서 소미에게 부담만 준 걸까? 하지만 이런 기회에 소미에게 좋은 일을 안겨주고 싶은데….'

영서는 눈앞이 캄캄해지는 것 같았다. 괜한 짓이었을까 하는 생각도 들었다. 자기의 생각을 포기할지, 아니면 의견을 계속 주장할지 생각하며 주변을 둘러보았다.

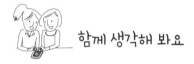

함께 생각해 봐요

　대표란 어떤 의미일까요? 남들에게 돋보이는 경우에만 얼굴을 내미는 행위에 대해 도덕적으로 어떻게 볼 것인지 생각해 봅시다.

1. 영서는 왜 꽃다발 전달 학생으로 소미를 추천했을까요?

2. 영서의 이야기를 듣고 소미는 어떤 기분이 들었을까요?

3. 내가 같은 반이라면 영서의 의견에 어떤 태도를 보였을지 생각해 보고, 그 이유에 대해서도 이야기해 보세요.

4. 누가 대표로 선생님께 꽃다발을 전해야 한다고 생각하며, 그렇게 생각하는 이유는 무엇인가요?

5. 반 대표에게 맡기지 않고 혹은 다른 선택지가 없다고 할 경우 어떨지 생각해 봅시다.

　1) 소미에게 대표를 맡긴다면 소미에게 좋은 일일까요, 아니면 오히려 부담만 끼치는 일일까요? 만약 맡긴다면 그것은 의미 없는 일일까요? 의미가 있다면 본인에게 권유하는 건 괜찮을까요?

2) 채림이의 부모님이 수고했기 때문에 그에 대한 보상으로 채림이에게 맡기는 것은 올바른 것일까요? 맡기지 않으면 수고한 사람에 대한 무시가 되기 때문에 무례한 것이 될까요?

함께 읽는 어른들에게

　학교는 학생들을 위한 배움의 장입니다. 그런데 간혹 열성적인 부모님들로 인해 아이들이 상처를 받는 경우가 있습니다. 공정하게 대우받아야 할 아이들이 부모님의 지위와 학교 참여도 등에 따라 우열이 나뉘기도 합니다.

　학생들이 보다 공정한 환경에서 정정당당하게 경쟁하고 협동하도록 하는 것은 선생님들의 책무라고 할 수 있습니다. 또한 이것은 자녀를 양육하는 부모님들이 취해야 할 입장이기도 합니다. 아이들이 올바른 인성을 형성해 가도록 도와주시기 바랍니다.

　아이들과 누가 대표가 되는 것이 좋을지에 대해 토의해 보시기 바랍니다. 제시된 질문을 중심으로 특히 회장, 채림, 소미 이렇게 세 가지 선택 안에서 어느 것을 선택할 것인지, 만약 그 선택 안을 정했다면 왜 그렇게 정했는지를 생각해 보도록 유도하는 것이 중요합니다. 이를 통해 아이들은 자연스레 대표를 정하는 것이 왜 도덕적인 문제인지 검토하게 될 것입니다.

　이것은 인성교육뿐만 아니라 민주시민교육과도 관련된 질문으로 이어질 수 있습니다. 예를 들면, 대표 선출과 관련하여 대표성의 개념도 함께 논의해 볼 수 있습니다.

부먹 vs. 찍먹
타인의 입장에서 생각해 보기

　민배와 경만이 그리고 한섭이는 축구 연습이 끝나고 함께 저녁을 먹기로 했다. 래퍼 활동을 본격적으로 하기 시작한 한섭이가 너튜브 홍보를 많이 도와줘서 고맙다는 뜻으로 한턱내기로 했다.

　이들이 찾아간 중국집은 저녁 식사 시간치고는 이른 시간이라서 그런지 한산한 편이었다. 자리에 앉자마자 한섭이가 다른 친구들을 바라보며 말했다.

　"뭐 먹을래?"

민배가 메뉴판의 비싼 요리 쪽을 턱으로 가리키며 웃었다.

"아, 농담하지 말고⋯."

한섭이가 난처한 듯 말했지만, 표정은 장난기가 가득 담겨 있었다. 그러자 민배와 경만이는 키득거리며 다시 말을 이었다.

"아무렴 우리가 양심도 없이 네 주머니를 털겠냐. 그냥 저번에 약속한 대로 짜장면에 탕수육으로 하는 거지."

"뭐 사실 우리가 너무 싸게 해주는 거 아닌가 하는 생각이 들기는 하지만 말이지."

이 말에 한섭이는 알았다는 표정으로 싱긋 웃었다.

"땡스 가이즈."

"아? 뭐라고?"

"고맙다 짜식들아."

"역시 한섭이, 너 래퍼 소울은 웅장하구나."

셋은 한동안 웃고 떠들었다. 잠시 후 스마트폰을 꺼내 민배는 게임을, 한섭이는 자기 너튜브 채널을 그리고 경만이는 만화를 보기 시작했다.

세 사람이 조용해진 가운데 주문했던 음식들이 나오기 시작했다. 짜장면에 짬뽕까지 총 세 그릇과 큰 접시 위에 탕수육, 그리고 그 옆에는 소스가 가득 담긴 그릇이 함께 놓였다.

음식이 나오자마자 한섭이는 짜장면을 비볐고, 이를 잠시 지켜보던 경만이는 탕수육 소스 그릇을 기울여 탕수육 위에 골고루 부었다. 탕수육 위에 부은 소스는 탕수육을 적시며 그대로 접시 바닥에 고여 갔다.

"야! 뭐야!"

갑자기 민배의 성난 목소리가 식당 안에 쩌렁쩌렁 울렸다. 식당 한 켠에서 식사하던 아저씨들이나 계산대에 있던 아주머니도 민배를 바라봤다.

게임을 막 마친 민배가 스마트폰을 주머니에 집어넣었다. 경만이와 한섭이도 순간 눈이 휘둥그레졌다가 의아하다는 표정으로 민배를 바라봤다. 민배의 얼굴이 살짝 상기되어 있었다.

"왜?"

"아니, 왜 탕수육에 소스를 전부 다 부어버리냐고!"

경만이가 피식 웃으며 답했다.

"짜식, 너답지 않게 화를 내고 앉았냐? 이 형님이 손수 맛있게 먹여주려고 소스까지 부어가시며 봉사하셨는데 말이야."

"너 먹는 거는 잘 모르겠지만, 나는 소스에 찍어 먹거든. 그런데 왜 네 거까지 다 소스를 부어버리냐고 인간아."

경만이는 안타깝다는 표정을 지으며 민배의 얼굴을 쳐다보다 말을 이었다.

"아, 참나. 먹을 줄 모르네. 탕수육은 부어 먹어야 제맛이라니까. 꼭 먹을 줄 모르는 애가 찍먹(찍어 먹기)이라니까."

경만이의 말에 한섭이도 키득키득 웃었다.

어쩌다 보니 수적 열세에 빠져버린 민배는 성난 목소리로 지지 않고 말했다.

"그러니까 너는 부어 먹든 뭘 하든 상관이 없는데, 왜 내가 먹을 거까지 다 소스를 부어 놓냐고. 내가 언제 해달라고 했나?"

"거참, 말귀 못 알아듣네. 더 맛있게 먹게 해주셨으면 고맙다고 생각해야지. 안 그러냐 한섭아?"

한섭이는 두 사람의 대화가 점점 신경질적으로 변하는 분위기를 느끼며 살짝 뒤로 물러서는 표정을 지었다.

"아니, 뭐 나도 부어 먹어만 봐서. 나도 부어 먹어야 맞다고 생각은 하거든."

"거봐, 오늘 한턱쏘는 한섭이가 부어 먹는 거래잖냐. 그러니까 잔말 말고 먹기나 해."

한섭이의 답변에 경만이는 힘을 얻은 듯했고, 민배는 살짝 주춤거렸다. 하지만 민배는 곧 다시 반박했다.

"내가 싫다는데 왜 억지로 그러냐고, 그리고 부먹(부어 먹기)이 뭐가 맛있냐고! 내가 아는 사람들은 다 찍먹이더만!"

자잘한 신경전은 슬슬 자존심 싸움이 되었다.

민배는 지난주 햄버거와 함께 먹었던 프렌치프라이 생각이 되살아났다. 그때도 참고 있었던 민배였다.

"지난주도 그래. 프렌치프라이에 케첩은 왜 죄다 미리 뿌려 놓냐!"

"먹기 편하라고 그랬지. 그럼 포장지에 지저분하게 짜놓냐."

"그럼 케첩이 베여서 감자가 눅눅해지잖아. 당연히 케첩을 따로 부어 놓고 찍어 먹어야지."

옆에서 보고 있던 한섭이는 보다 못했는지 적당히 화해시키려는 모습을 보였다.

"헤이 맨, 그냥 그때마다 있는 대로 먹지 뭘 그리 따지고 있냐?"

"먹으려면 제대로 먹어야 되지 않겠냐?"

마치 자기 편을 들어달라는 눈빛으로 경만이가 한섭이를 바라보며 말했다. 민배도 끝없는 투쟁을 지속하고 있었다.

"글쎄, 제대로 먹으려면 경만이 너처럼 하면 안 된다니까? 그리고 각자 먹고 싶은 대로 먹게 내버려 둬야지 뭘 참견질이야."

한섭이도 얼굴을 살짝 감싸 쥐며 한마디했다.

"그냥 있는 대로 먹어. 이래도 저래도 다 맛있는데 뭘 투정하고 앉았냐!"

세 사람은 열띤 토론을 하는지, 싸우는지, 아니면 저녁을 먹는지 알 수 없는 실랑이를 벌이고 있었다. 시간은 또 그렇게 지나가고 있었다.

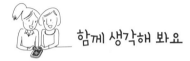
1. 민배는 왜 경만이에게 화가 난 것일까요?

2. 경만이는 왜 화를 내는 민배가 이상하다고 하는 것일까요?

3. 친구가 선의로 한 행동에 오히려 기분이 언짢았던 적이 있다면 친구의 어떤 호의에, 왜 기분이 나빠졌는지 이야기해 봅시다.

4. 선의로 한 행동은 모두 좋은 행동이라고 말할 수 있을까요? 왜 그렇게 생각하는지 이유에 대해 말해 보세요.

함께 읽는 어른들에게

아이들은 종종 자신이 상대방에게 베푼 호의는 언제나 환영받을 것이라고 생각합니다. 그러나 자신의 입장에서는 호의로 했던 행동이 상대방의 기분을 나쁘게 하거나 심지어 화나게 만들 수도 있습니다. 호의를 베풀기 전에 먼저 상대방에게 괜찮을지 허락을 구하는 것이 중요합니다.

친절이라는 것은 상대방이 그렇게 느낄 때는 친절이 되지만, 그렇지 않으면 불쾌감을 불러일으키거나 매너가 없는 것으로 여겨질 수 있습니다. 아이들이 어떤 행동을 하기 전에 상대방의 마음을 먼저 헤아릴 수 있도록 배려하는 마음과 함께 도덕적 상상력을 키워 주시기 바랍니다.

진정한 선의, 호의는 상대의 입장에서 생각하는 것입니다. 내가 바라는 상대의 모습이 아닌 상대가 원하는 것이 무엇인지 알고 그것을 존중해 주는 자세가 진정한 호의라 할 수 있습니다.

아이들이 자신의 입장에서만 세상을 보는 것이 아니라 타인의 입장에서도 세상을 볼 수 있도록 어른들께서 관점의 변화를 유도해 주시기 바랍니다.

네가 뭔데!
자기중심성에서 벗어나기

입추가 지나자 뜨거웠던 여름 날씨가 거짓말처럼 시원해졌다. 2학
기가 시작된 지 얼마 되지 않았지만, 벌써 각종 행사가 예정되어 있었
다. 독후감대회, 토론대회, 기타 과학 관련 행사와 발명대회, 그리고 미
술대회 등이다.

상급 학교 입시를 준비하는 학생이라면 학교 성적과 동아리뿐만
아니라 교내대회의 상도 중요한 스펙이었다. 학교에서도 행사 참여도

를 높이기 위해 대회와 학교 수행평가를 연결시키곤 했다.

그러다 보니 교내대회는 학교 성적에 신경 쓰거나 아니면 수상 개수를 채워야 하는 아이들에게 중요한 행사로 자리매김이 되었다. 부모님들은 자녀들의 성적과 수상을 위해 학교 운영위원회 일을 맡으려 경쟁하거나, 선생님들이나 학교와 친분을 쌓기 위해 최선을 다했다.

소미는 요즘 그림 그리기에 더욱 힘쓰고 있다. 소미의 그림 솜씨를 칭찬하는 미술교습소 선생님의 말씀들이 생각났다.

"색감이나 구도 등도 모두 뛰어나구나. 기교야 연습하면 더 좋아질 거야."

"네…."

소미는 선생님의 칭찬을 그냥 아이들을 격려하기 위한 정도로 받아들이고 있었다.

"재능이 아깝네. 혹시 이 방면으로 진로를 키워볼 생각 없니?"

"네? 저…."

"이쪽 진로에 부담이 있다는 것은 알고 있단다. 그래서 너같이 재능 있는 학생들에게 도움이 되려고 봉사하는 것이 여기 교습소고."

"하지만…."

소미는 쉽게 대답하기 힘들었다. 이런저런 생각이, 그것도 부정적인 생각이 먼저 들었다.

"그래. 아무튼 천천히 생각해 보자."

하지만 이 격려와 칭찬이 힘이 되었는지 그 이후로 소미는 그림에 더욱 흥미를 느꼈고, 자신감을 가질 수 있었다.

이번 가을학기의 미술대회는 교내대회일 뿐만 아니라 지역대회에 나가는 학교 대표를 뽑는 대회였다. 대회 규모도 있다 보니 수상을 노리는 학생들이 꽤 있었다.

학교 미술부에 있는 채림이는 아침부터 살짝 들떠 보였다. 주앙이와 떠드는 소리가 소미가 앉아 있는 교실 구석까지 들릴 정도였다.

"채림아, 너 미술부지? 그런데 들어보니까 우리 미술 선생님이 그렇게 대단하다며?"

"아무래도 국전 수상자시기도 하니까 장난 아니지."

"국전? 그게 뭐야."

"아 대한민국미술대전이라고 하는데, 전국 규모 대회야."

"와, 전국대회?"

"국전 수상자시니까 이쪽에서는 꽤 유명하신 거지. 그런 분이 미술부를 맡고 계시니, 우리 학교 미술부가 장난 아닌 거잖아."

'채림이는 미술 지망인 건가? 유명한 미술학원 다닌다고 하더니 그래서 그랬군.'

평상시에는 소미에게 눈길조차 주지 않기에 그 두 사람의 얘기는 2학기에 와서야 처음으로 듣는 소미였다.

미술 시간이 시작되었다. 미술 시간은 이론 수업이 아니라면 보통 실기 위주였고, 대부분 수업 시간 동안 선생님이 학생들 사이를 돌아다니며 코칭해 주는 방식으로 수업이 진행되었다.

평상시에 선생님은 소미의 등 뒤에서 잠시 머물다가 지나가는 경우가 대부분이었는데, 오늘은 웬일인지 소미의 스케치를 보면서 칭찬해 주셨다.

"잘하는구나. 혹시 미술 쪽으로 진로를 생각하고 있니?"

"아… 아뇨. 그냥…."

"그래그래. 여기 라인은 좀 더 자신 있게…. 그렇지."

소미의 주저하는 목소리를 들으셨는지 알 수는 없지만, 미술 선생님의 관심과 칭찬은 그동안 스스로 움츠러들며 살아왔던 소미에게 있어 벅찬, 그리고 가슴이 채워지는 무언가였다.

그 후로도 계속 미술 선생님의 관심을 받으며 두어 주간이 지났다. 그럴 때마다 채림이가 힐끔힐끔 쳐다보면서 주앙이와 뭔가 속삭이곤 했지만, 딱히 별다른 일은 없었으니 소미로서는 신경 쓸 필요가 없었다.

오늘은 작품 제출을 하는 날이다. 미술 선생님이 그 자리에서 수행 점수를 매기며, 반에서 후보 작품들을 선출하는 방식이었다. 후보 작품들은 다시 모아 최종 학교 대표작을 뽑는 방식으로 진행된다고 한다. 다시 말해 오늘 미술 시간은 이번 미술대회의 예선전인 셈이다.

선생님이 지나가면서 점수만 매기는 작품도 있었고, 드물지만 소미처럼 칠판 아래 바닥에 펼쳐 두는 작품들도 있었다. 소미의 작품을 보며 채림이와 주앙이가 또 무엇인가 속닥이고 있었다.

시간이 흘러 뒤에서부터 시작된 심사도 교실 앞쪽 줄로 옮겨졌고, 채림이 차례가 되었다. 채림이의 눈이 반짝반짝하는 모습은 눈치가 없는 사람일지라도 쉽게 알아볼 수 있을 정도였다.

"이거 네가 그렸니?"

"네!"

"정말?"

"네…."

"지난주에 그린 것과 달라져 있는데?"

"아니에요. 제가 그린 거 맞아요!"

"이건 네 평상시 그림체가 아냐…. 거기다가 여기 붓 터치 방식은 너와 다른 정도가 아니라 꽤 경험자만이 할 수 있는 거고."

"정말이에요. 제가 그린 거예요!"

채림이의 얼굴은 당황한 기색도 있지만, 끝까지 단호하게 자신이 그린 거라고 주장했다.

"그래? 그럼 이 부분만 여기서 다시 그대로 그려 볼래? 선생님 앞에서."

"…."

채림이는 그제야 아무 말 없이 고개를 떨궜다.

미술 시간이 끝난 후 한준이와 주앙이가 채림이를 위로하려 노력하고 있었다.

"그거 다른 사람이 그려준 거 맞아?"

"학원 선생님… 아무래도 수행이나 대회 열리면 많이 손봐 줘."

"그래?"

"그래도 그렇지. 나만 봐 준 것도 아니고 거의 다 그려준 애도 있는데, 왜 나한테만 그러냐고? 중요한 만큼 손봐 줄 수도 있는 거 아냐?"

"맞아, 맞아. 이상한 선생님이야. 웬 오지랖이람?"

주앙이의 위로 덕분인지 풀 죽어 있던 채림이의 목소리가 다시 높아졌다. 한준이도 빠지지 않고 맞장구쳤다.

"맞아. 저 선생, 우리 아빠에게 말해서 감옥에 넣어버리겠어! 무슨 권리로 학생 앞길을 막아? 선생이…."

"채림아. 너도 부모님에게 말씀드려서 저 선생님한테 따지라고 그래. 가장 확실하니까! 이런 부당한 경우가 어디 있어?"

"그래, 안 그래도 그럴 생각이야."

그들이 뭐라고 하든 소미는 화장실에 가려고 길을 서둘렀다. 가던 도중 무엇인가 목발을 탁, 치는 느낌이 들었지만, 뭐에 걸렸겠거니 하며 가던 길을 걸어갔다.

뒤에서 무어라 떠드는 소리와 함께 깔깔대는 채림이, 주앙이 그리고 한준이의 소리가 들렸지만, 굳이 뒤돌아보고 싶지는 않았다.

'어차피 나랑 다른 세계 애들이니까.'

소미는 기분 나쁜 느낌을 참기 힘들었지만, 이렇게 생각하며 스스로 위로했다.

다시 자리에 돌아온 소미는 책과 미술도구를 챙겨서 교실 뒤쪽의 사물함으로 향했다. 봉사활동 하는 선생님이 쓰던 걸 주신 거지만, 소미에게는 생각하지도 못했던 전문 용품이었기 때문에 더 고마웠다.

혹여나 잊어버리거나 망가질까 봐 사물함 한쪽에 잘 정리하고 또 확인한 후 고개를 들 때였다.

"야! 네가 나보다 그림 잘 그려?"

미소를 띤 것 같기도 하고 화가 나서 씩씩거리는 것 같기도 한, 한마디로 설명하기 힘든 표정을 한 채림이가 바로 옆에 서 있었다. 생각지 못한 상황에 소미는 순간 깜짝 놀랐다. 아마도 사물함에서 미술도구 정리할 때부터 계속 옆에 서 있었던 것 같았다.

"아까도 사람 본체만체하고 지나가는 꼴하고는…."

"…내가?"

채림이는 소미를 쏘아보고 있었다. '아까 화장실에 가는 길에 누군가 목발을 툭 친 것 같았는데 그게 얘였나?' 채림이는 다시 한번 사물함 안의 미술도구를 보며 콧방귀를 뀌었다.

"별것도 아닌 게!"

채림이는 소미의 사물함 문을 쾅 닫으며, 소미가 의지하고 있는 목발을 또다시 발로 툭 치며 지나갔다.

그 소동에 반 아이들이 교실 뒤편을 바라봤지만, 이윽고 모두 고개를 돌려 외면해 버렸다. 한쪽에서 히죽히죽 웃고 있는 주앙이와 한준이 그리고 어느새인가 책상 위에 앉아서 팔짱을 끼고 있는 경재를 빼고는….

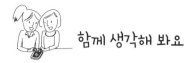
함께 생각해 봐요

1. 채림이가 미술 선생님께 화가 난 이유는 무엇이며, 채림이가 화내는 것은 정당한 것인가요?

2. 왜 주앙이와 한준이는 채림이 편을 들어주었을까요? 이런 행동에 대해 어떻게 생각하나요?

3. 채림이와 소미를 대하는 미술 선생님의 태도는 올바른지 생각해 보고, 왜 그렇게 생각하는지 이유를 말해 봅시다.

4. 채림이의 말과 행동에 소미는 어떤 기분이 들었을까요? 왜 소미는 채림이에게 강하게 대응하지 않았을까요?

5. 채림이가 소미에게 한 행동과 말을 듣고 본 같은 반 친구들은 왜 본체만체했을까요? 이들의 행동은 정당한지 생각해 보고, 만약 나라면 어떻게 행동했을지 상상해 봅시다.

함께 읽는 어른들에게

학교폭력은 교실 안에서의 아주 작은 말과 행동, 때로는 표정을 통해서 이루어집니다. 가해 학생들은 대부분 자기중심성이 강하기 때문에 자기의 입장과 생각만이 옳다고 여깁니다.

이러한 학생들은 대부분 타인의 입장에 서 볼 수 있는 능력이 부족하며, 타인에 대한 존중과 공감 능력도 부족한 경우가 많습니다. 특히 이러한 문제점들은 주변 사람들을 모두 동등한 인간으로 인지하기보다 자기 자신만을 혹은 자기와 관계된 사람들만을 관심의 영역과 돌봄의 대상으로 인식한다는 데 있습니다.

이번 에피소드를 다루면서 학생들의 돌봄 대상, 존중 대상의 범위를 확인하시고 이를 확장시켜 주시기 바랍니다. 아이들이 자기중심성에서 벗어나는 것은 도덕적 성장의 주요 과업입니다.

너 저번에도 내 팀원 가로챘잖아!

극대화된 이기심과 공격성

아침부터 엄마에게 잔소리를 듣고 학교에 온 영서는 종일 기분이 좋지 못했다. 학기가 시작되면서 미술대회뿐만 아니라 독후감대회, 토론대회, 영어말하기대회가 진행되고 있는 중이지만, 그 준비가 미적지근하다는 말을 들은 것이다.

'뭘 더 어떻게 준비하라고….'

영서는 개인전 중 그림 그리기는 그다지 자신이 없었기에 건너뛰기로 했다. 아무래도 그림 쪽은 지난번 소미에게 시비를 걸었던 채림이처럼 그쪽으로 진로 희망이 있는 애들이나 실력 좋은 친구들이 많이 있었기 때문이다.

영서의 속도 모르고 열심히 하면 된다며 다그치는 엄마가 떠올라 화가 났지만, 그냥 생각하지 않으려고 노력했다.

토론대회는? 갑자기 영서에게 또 다른 짜증과 답답함이 몰려왔다. 소미를 괴롭히던 소위 정의파란 녀석들이 다시 생각났기 때문이다.

영서나 다른 친구들은 대회, 팀 수행평가, 동아리와 같은 것 때문에 친구들을 모으려고 해도 구하기 힘들 때가 대부분이다.

특히나 소미를 괴롭혔던 정의파 애들은 자기들끼리 잘 뭉치는 것뿐만 아니라 필요한 애들을 바로바로 끌어들이거나 혹은 빼가는 데 선수였다. 그러다 보니 대부분 애들은 오히려 그쪽에 붙으려고 하거나, 아니면 아예 포기하는 경우도 많았다.

이번에도 지난 학기와 별반 다르지 않았다. 특히 오늘은 그런 일을 직접 당하기도 했으니 더 마음이 좋지 못한 영서였다.

"민지는 저기 정의파 애들이랑 토론대회 참가하기로 했다는데?"

미정이가 정의파 애들과 함께 있는 민지를 바라보며 영서에게 말했다.

"뭐? 우리랑 하자고 했다가 아까 갑자기 사정 있다고 그만둔다더니 그게 저기로 가려고 했던 거였어?"

화가 난 영서가 민지에게 다가가 한마디했다.

"중간에 그만둔다더니 다른 데 가려고 했던 거야? 이럴 거면 미리 안 한다고 했어야지. 계속 같이하다가 참가 인원 발표 얼마 안 남기고 갑자기 빠져서 딴 팀에 가면 우리가 뭐가 되는 거니?"

"…."

민지가 난처한 기색을 보이자 주앙이가 나서서 영서에게 따졌다.

"그건 민지가 자유롭게 결정하는 게 당연한 거 아냐? 네가 민지에게 이래라저래라 할 처지는 아닌 것 같은데?"

"저번 약속도 지키네 안 지키네, 의리를 버리네 마네 하면서 몇 번씩이나 애들하고 싸웠던 거 너 아냐?"

그 말을 듣자 순간 주앙이의 얼굴은 붉으락푸르락 달아올랐다.

"그게 언제 적 이야기야! 너 속 되게 좁다! 어쨌든 지금은 전적으로 자기 의사가 더 중요한 거고, 민지가 우리랑 하기로 했으니까 그렇게 알아!"

잠시 실랑이가 벌어졌지만 미정이와 다른 친구들이 나서서 말렸기 때문에 오래 가지 않았다. 하지만 팀원을 다시 채워야 했고, 또 뻔뻔한 주앙이의 태도에 영서의 속은 부글부글 끓어올랐다.

하루 수업을 마치는 종례 시간이다. '뭐 하나라도 얻어걸리면 좋은 거겠지.' 영서는 남아 있는 개인전에 할 수 있는 한 모두 도전해 보겠다는 다짐을 하며 담임 선생님의 전달사항을 듣고 있었다.

"이번 독후감 대회는 국어 수행평가이기도 한 것은 알고 있죠?"

"네!"

"자, 이번에는 교육청에서 제공하는 웹사이트에 올리는 방식으로 진행돼요. 웹사이트에서 우리 학교 선택하고 아이디(ID)는 각자 학번 넣으면 돼요."

"비밀번호는요, 선생님?"

"비밀번호는 각자 생일 네 자리로 되어 있어요. 하지만 이걸로 장난치지 말아요. 선생님은 다 알 수 있으니까."

"네."

대회 기간은 이틀로 길지 않았다. 선생님은 이번 대회가 며칠 전부터 공지가 되었고, 웹사이트 게시는 그 결과물을 적는 기간에 불과하니 문제 될 것 없다고 말씀하셨다.

학교가 끝나고 집에 온 영서는 오자마자 독서 기록을 올리는 웹사이트에 들어갔다. 독서 기록을 올리는 웹사이트는 게시판 형식을 그대로 가져온 것이었다. 학생들이 글을 올리면 게시판의 아래서부터 위로 차곡차곡 쌓여가는 방식이다.

다른 친구의 글 조회수나 접속 시간은 볼 수 있지만, 본인이 쓴 글과 제목의 조회는 담임 선생님과 본인 외에는 비공개 방식이며, 글쓰기와 수정은 본인만이 할 수 있었다.

글쓰기 항목으로 들어가자 책 제목과 저자 그리고 독서 감상평을 적는 칸이 제공되었다. 글자 제한은 1500자 내외 정도로 되어 있었다.

특이하게도 직접 타이핑을 하게 되어 있고, 마우스 오른쪽 키를 쓸 수 없게 만들어서 복사해 붙이는 기능을 사용할 수 없는 형식이었다.

"메모장에 써서 정리한 다음에 직접 타이핑해서 넣어야겠네."

혼잣말을 하며, 이번 독서대회를 위해 읽고 있던 책의 나머지 부분을 읽기 시작했다.

다음날 학교는 여느 때와 같았다. 하지만 주앙이와 채림이가 영서를 보더니 또 자기들끼리 뭔가 쑥덕거리다가 웃었다. 영서는 평상시 그 애들의 태도로 보아, 토론대회 팀과 관련해 자기 결정에 영서가 딴죽을 건 것처럼 뒷담화하고 있을 것이라고 생각했다.

소미나 영서 그리고 또 다른 애들을 쳐다보고 서로 귓속말하며 시시덕거리는 모습은 흔하게 볼 수 있는 그 애들의 모습이기도 했다. 기분이 나쁘더라도 영서는 무시하려고 노력했다. '할 일이 있으니까. 괜히 일 커지게 만들고 싶지 않으니까.'

학교를 마치고 학원까지 다녀온 저녁 시간에 영서는 독서 기록 웹사이트에 접속해서 어제 막 다 읽은 책을 정리해 가며 독후감을 기록하기 시작했다.

영서의 반에도 글쓰기를 잘하는 친구가 있긴 했지만, 누가 뭐라고 해서가 아니라 스스로 최선을 다할 생각이었다. 뭐든 꽉꽉 채우는 게 좋을 것 같아서 1500자를 간신히 가득 채웠다.

"이게 밤 10시까지 마감일 텐데."

시계는 오후 9시 50분을 살짝 넘어가고 있었다. 독후감을 다 쓴 영서는 저장을 눌렀다.

　다음날이었다. 등교 전 왠지 모를 조바심에 독후감 올린 웹사이트를 보던 영서는 깜짝 놀라고 말았다. 자기가 쓴 글이 모두 지워진 채 알 수 없는 문자들만 몇 개 적혀 있었다. 최종 접속 시간은 오후 9시 58분으로 기록되어 있었다.

　영서는 재빨리 게시판을 훑어보았다. 글을 맨 나중에 올린 것은 주앙이고, 최종 접속 시간은 56분이었다. 다른 친구들은 모두 오후 9시 40분 이전에 접속하고 이후 접속하지 않은 것으로 보였다.

　"어떡하지? 어떡하지?"

　영서는 계속 손을 바르르 떨고 있었다.

　"그래. 일단 증거가 필요하니 캡처를 하자."

　쿵덕거리는 가슴을 진정시키며 영서는 독후감 게시판과 엉망이 된 자신의 글을 캡처했다. 그리고 혹시 선생님께서 해결해 주실지 모른다는 생각에, 캡처한 파일을 담임 선생님께 보내고 이어 사정을 적은 후 급히 학교로 향했다.

함께 생각해 봐요

1. 사이트에 올린 독후감이 모두 사라진 것을 봤을 때 영서의 기분은 어땠을까요?

2. 영서의 독후감 사이트를 해킹한 행동은 무엇을 잘못한 것이며, 그 아이에게 필요한 덕목은 무엇인가요? 그 아이에게 지워야 할 마땅한 책임은 무엇일까요?

3. 독후감 해킹 사건에 대해 어떤 생각, 감정, 기분이 드나요? 그 이유는 무엇인가요?

4. 만약 내가 독후감 해킹의 피해자라면 어떤 마음일까요?

5. 이러한 문제가 발생했을 때 어떻게 행동하는 것이 가장 현명한 것일까요? 그 이유는 무엇인가요?

함께 읽는 어른들에게

성과주의 사회 안에서 때로 지나친 경쟁심에 사로잡혀 양심을 저버리는 행동을 서슴없이 저지르는 아이들이 있습니다. 이러한 아이들은 교사와 같은 권위자 혹은 좋아하는 친구들에게는 친절하고 예의 바른 아이들로 비치기도 합니다. 이런 아이들은 권위자와 비권위자에 대한 태도나 자세를 달리 보임으로써 이중적인 인격성을 나타내기도 합니다.

이번 에피소드에는 바로 이러한 성향의 아이의 모습이 잘 드러납니다. 어른의 역할 중 하나는 아이들의 이기심을 억제할 수 있도록 도와주는 것입니다. 아이들에게 해서는 안 되는 일에 대해 단호한 태도로 그러한 행동을 해서는 안 됨을 분명히 해 주시기 바랍니다.

특히 아이가 만만하게 여기는 다른 친구들에 대해 극대화된 이기심이나 공격성을 드러내지 않도록 훈육과 지도가 필요합니다. 잘한 일과 잘못된 일을 구별하고 그에 따라 적절한 태도를 취하는 것은 어른이 해야 할 책무입니다.

잘못한 일에 대해서는 그러한 행동이 분명히 잘못한 것임을 확실하게 인지시켜 주시고, 이에 대해 '피해자'에게 진정으로 사과하도록 지도하셔야 합니다. 또한 더불어 산다는 것은 나만의 친구 혹은 내가 생각하는 권위자만이 아닌, 모두와 더불어 살아간다는 것임을 일깨워 주시기 바랍니다.

용서는 피해자가 하는 거 아닌가요?

용서의 주체

영서는 가쁜 숨을 몰아쉬며 초조하게 스마트폰을 바라봤다. 담임 선생님은 아직 영서의 메시지를 확인하지 않은 듯하다.

주앙이를 바라보니 뭔가 들떠서 떠들며 킥킥대고 있다. 영서는 화가 치밀었지만, 늘 이리저리 변명하며 빠져나가곤 했으니 이번에는 제대로 혼내주고 싶었다. 그리고 독후감 기록도 되살리고 싶었다. 그렇게 힘들여 썼는데….

조회가 끝나자마자 영서는 담임 선생님을 따라 학년연구실로 갔다. 자리에 앉은 선생님은 뒤따라온 영서를 알아채고는 의자를 돌려 영서 쪽을 바라보았다.

"영서야, 무슨 일이니?"

"선생님, 저 어제 올린 독후감 글이 해킹당한 것 같아요."

"해킹? 무슨 말이지?"

"제가 쓴 글을 오늘 아침에 확인해 봤는데, 모두 지워지고 말도 안 되는 문자로 채워져 있어요."

"그래? 저장 버튼 안 누르거나 뭐 그런 거는 아니고?"

"아니에요, 선생님. 제가 분명히 다 쓰고 저장 눌렀어요."

영서는 어제 자기가 접속한 시간과 해킹된 시간 등을 말하며 사정을 설명하였다. 그리고 선생님은 깨톡으로 캡처들을 보고 계셨다.

"선생님, 아무래도 해킹한 애는 주앙이 같아요."

"그래? 그래도 친구를 의심하는 건 좀 지나친 것 같구나."

"아니에요, 선생님. 제가 캡처해 놨어요. 접속 시간부터 해서, 그 애가 분명하다고요."

선생님은 반신반의하는 얼굴이었다.

"글쎄. 그 애가 그럴 리가 없는데. 그 애가 선생님에게 얼마나 잘하는데. 인사 잘하고 얼마나 상냥한 아이인데?"

영서는 '그건 선생님과 어른들한테만 그러는 거고, 애들한테는 전혀 안 그래요!'라고 말하고 싶었다. 하지만 직감적으로 지금은 그게 안 통할 것 같다는 판단이 들었다.

선생님은 계속 주저하는 듯 보였다. 믿기 힘들다는 눈치였다. 그러자 영서의 분한 마음은 더욱 들끓었다.

"선생님, 그러면 저 사이버경찰청에 신고할래요."

이 말을 듣자 선생님의 얼굴이 좀 더 진지하게 변했다.

"아니다. 영서야 일단 내가 확인할게."

"선생님, 그리고 국어 선생님께도 말씀드려 주세요."

"그래, 알았다."

학년연구실에서 돌아와 교실에 들어서면서 영서는 주앙이를 째려보았다. 주앙이는 그런 영서를 보더니 또 채림이와 뭔가 귓속말을 하면서 자기들끼리 키득거렸다. 분한 마음을 멈출 수 없었지만 영서에게 더 이상 할 수 있는 일은 없었다.

종례를 마친 후 주앙이는 학년연구실로 불려갔다. 영서는 아마 그것 때문이겠거니 생각하며 결과를 듣고 싶은 마음이 굴뚝같았으나, 선생님께 재촉하면 안 될 것 같았다. 영서는 조마조마한 마음에 그날 저녁 내내 스트레스를 받았다.

다음날이 되었다. 밤잠을 설쳤던 영서의 얼굴은 핼쑥해 보였다.

"영서야, 무슨 일 있니? 얼굴이 다 핼쑥해. 다크서클도 좀 있고."

미정이의 물음에 영서는 학교에 가는 동안 자초지종을 설명했다. 미정이가 맞장구쳐주니 그래도 마음이 좀 풀리는 듯했다.

학교에 갔지만 뭔가 달라진 것은 없어 보였다. 주앙이는 여전히 영서나 소미 혹은 다퉜던 애를 보면서 채림이나 정의파 애들과 속닥이며 키득거렸고, 때로는 손가락질까지 했다.

담임 선생님은 조회 시간에도 아무런 내색이 없고, 종례 시간이 끝나도 별 다른 말 없이 그대로 학년연구실로 돌아갔다. 국어 수행평가도 걸려 있었기 때문에 아무래도 실례를 무릅쓰고서라도 담임 선생님께 가야겠다고 영서는 생각했다. 그리고 가방을 멘 채 학년연구실로 갔다.

"선생님."

"무슨 일이지?"

"선생님, 어제 그 해킹 때문에요."

"아, 그래?"

"선생님?"

"그래. 어제 내가 방과 후 주앙이를 불러서 상담했단다."

"네."

"처음에는 주앙이가 자기가 하지 않았다고 하더구나."

그 말에 '역시 사이버경찰청에 신고해야 했나?'라는 생각이 들었다. 선생님의 말씀은 계속됐다.

"그래서 증거를 보여줬지."

"증거요?"

"그래, 선생님용으로 보면 각자 접속한 사람들의 아이피 뒷부분을 확인할 수 있거든. 그랬더니 주앙이가 잘못했다고 하더구나."

"네?"

"네가 자기를 화나게 만들어서 그랬다고 해. 눈물을 흘리면서 잘못했다고 했어."

"…그래서요?"

"그래서 선생님이 용서해 줬단다."

"…."

영서는 선생님의 말씀에 대해 말할 수 없는 부당함을 느꼈다. 그것이 분노인지 아니면 답답함인지 아니면 낙담인지 정확하게 알 수는 없었지만.

"선생님?"

"응? 뭐 할 말 있니?"

"그럼 저는요?"

"글쎄. 선생님이 용서했으니까… 선생님께도 싹싹하고 착한 애인데 화나서 그랬겠지?"

영서의 화난 얼굴을 잠시 보더니 선생님은 말씀을 이어나갔다.

"여기 선생님들도 주앙이가 참 착하고 행실이 참하다고 생각한단다. 아마 화가 많이 나서 그런 것 같은데 친구를 용서해 줘야 하지 않겠니?"

'정말? 선생님들은 정말 그 애가 착하다고 생각한다고?'

밀려오는 억울함에 눈물이 왈칵 쏟아질 듯했지만, 영서는 힘들게

참았다. 볼멘 목소리로 영서는 선생님께 다시 말을 꺼냈다.

"그럼 제 독후감은 어떻게 돼요? 그리고 국어 수행평가는요?"

선생님은 살짝 난처한 표정을 지었다.

"그게 교육청 시스템이라 선생님이 더 이상 손을 쓸 수는 없단다. 국어 선생님께는 네가 가서 말하렴."

억울함에 더해 분노까지 치밀었지만, 더 이상 어쩔 수 없음을 느끼고 있었다. 영서는 인사도 하는 둥 마는 둥 하며 학년연구실 문을 나섰다.

눈물이 넘치고 있었지만, 얼굴을 숙이고 손으로 가렸다. 누군가 본다면, 특히나 정의파 애들이 영서가 울었다는 소식을 듣는다면 얼마나 고소해하며 깔깔댈지 생각하는 것만도 너무나 속상했다.

영서가 나간 후 담임 선생님의 얼굴에는 자비로운 미소와 만족감이 떠올랐다.

용서란 무엇일까요? 그것은 누가 누구에게 하는 것일까요? 그리고 어떻게 해야 하는 것일까요? 참 어려운 문제입니다. 용서한다는 것은 언제나 도덕적인 행위인 것인지 생각해 보아야 합니다. 또한 피해자가 빠진 불완전한 용서는 도덕적으로 어떤 비판을 받아야만 하는지 생각해 봅시다.

1. 영서가 주앙이를 의심한 것은 왜 적절한 일일까요?

2. 영서가 선생님께 분한 마음이 들었던 이유는 무엇이며, 만약 내가 그런 상황이었다면 어땠을까요?

3. 만약 내가 영서였다면 쉽게 주앙이를 용서해 버린 선생님의 말씀을 들었을 때 어떤 기분이 들었을까요? 그러한 느낌과 기분이 든 이유는 무엇인가요?

4. 용서란 무엇인가요? 용서란 누가, 누구에게, 어떻게 해야 하는 것일까요?

5. 누군가를 용서하거나 용서받은 경험이 있나요? 어떤 상황이었으며 그때 심정은 어떠했나요?

함께 읽는 어른들에게

이번 에피소드는 부모님뿐만 아니라 특별히 학교에서 아이들을 가르치고 계신 선생님들이 깊이 고민해 보시길 바라는 이야기입니다. 학교 선생님의 입장에서는 선생님들께 상냥하고 바르게 보이는 아이들이 아무런 문제가 없는 것으로 인식될 수 있습니다.

그러나 이러한 아이들은 종종 또래 아이들에게 무례하기도 합니다. 아이가 잘못된 행동에 대해 선생님께 사과하고 잘못을 뉘우치고 있다고 말할 때, 선생님들은 자애심 때문에 너그러운 재판관이 되기도 합니다. 그러나 진정한 용서는 피해자만이 할 수 있는 것입니다.

제3자인 선생님들은 실제 비도덕적인 행동에 대해 가해자를 용서할 권한을 전적으로 위임받았다고 보기 어렵습니다. 선생님들은 학교폭력에서 '실제 피해를 입은 아이'에 대한 '적절한 회복'이 반드시 이루어져야 한다는 점을 기억해 주시길 바랍니다.

나는 착하거든!

보이지 않는 폭력

며칠 후 점심시간이었다. 식사 후 대부분 밖으로 나가면서 교실은 모처럼 한적한 분위기였다. 아이들이 몇 없는 교실에서 영서와 소미가 각각 혼자 앉아 있었다.

잠시 후 미정이가 교실에 들어오더니 영서를 보고 말을 건넸다.

"영서야, 너 명단에 없던데 이번에 병원 봉사활동 안 가?"

"무슨 봉사활동?"

영서와 미정이의 대화를 듣고 있던 소미도 귀가 솔깃해졌다.

"몰랐어? 여자애들이 따로 깨톡방 만든 데서 어제 봉사할 사람 구했는데."

"따로 만든 단톡방이 또 있어?"

소미도 처음 듣는 소리였다. 미정이는 자기 스마트폰을 보더니 뭔가 이것저것 살피고 있다.

"어라? 단톡방에 초대 자체가 안 되어 있었네. 이거 일주일도 넘게 있었는데…."

"그래? 그 방 누가 만들었는데?"

"채림이하고 주앙이가…. 남자애들 방은 한준이와 경재가 만든 것 같더라."

두 사람의 이름이 나오자 영서와 뒤에서 듣고 있던 소미의 얼굴이 동시에 굳어졌다. 영서의 표정이 굳어지는 것을 보고 미정이는 급히 목소리를 낮추며 주변을 살펴보았다. 그러다 뒤쪽의 소미를 발견하고 가벼운 눈인사를 했다.

"소미, 너도 초대 안 받았니?"

소미는 굳어진 얼굴로 고개를 끄덕였다.

"쯧쯧. 하여간 하는 짓이라곤 정말…. 꼼수 대마왕이라니까."

영서는 턱을 살짝 괴며 한숨을 살짝 쉬었다.

"말도 마. 어제오늘 일도 아니고. 보나 마나 자기들끼리 단톡방 만들어 애들 저격글이나 쓰며 험담하고 있겠지. 아무튼, 그래서 내용은 뭔데?"

"어. 주앙이네 아빠가 의사잖아. 그래서 자기네 아빠가 아는 병원에 신청해서 병원 안내 봉사활동 같은 거 구했나 봐. 내가 알기에는 너 진로랑 관계해서 꽤 좋은 봉사활동인데 없길래 웬일인가 했거든."

"어차피 개네 마음에 드는 애들만 데려갈 텐데 뭐."

"그래도 모르니 너 단톡방에 초대해 달라고 할까?"

영서는 탐탁지 않은 표정을 지으며 답했다.

"됐어. 일부러 초대조차 안 했는데 굳이 가봐야 뭐 좋은 일 있겠어? 괜히 너까지 말려들면 골치 아프니까 사양할게."

영서가 저리 말하는 것을 보니 소미뿐만 아니라 영서에게도 주앙이와 채림이가 못되게 구는 듯했다.

주앙이와 채림이는 저렇게 사람을 끌어들이는 데 특히 능숙한 애들이다. 그리고 그 다수의 힘을 빌려 친구들을 꼼짝 못 하게 하는 데도 타고난 듯 보였다. 밉보이기 싫은 아이들은 그저 뒤로 물러서서 조용히 있는 것이 고작이었다.

오늘의 마지막 시간은 소미가 요즘 들어 더욱 좋아하게 된 미술 시간이었다. 소미는 수업을 마치고 미술도구들을 사물함에 정리해 놓은 후 집으로 갈 생각이었다.

교실은 수업을 마치고 이제 막 청소를 시작한 참이었다. 앞쪽에서 채림이와 주앙이가 무엇인가 속닥이며 웃다가 소미에게 다가왔다.

"야! 너 청소 안 해?"

주앙이는 평상시에 소미의 이름을 잘 부르지 않는다. 잘 불러야 성과 이름을 모두 붙여서 부를 뿐이다. 선생님들에게는 어떨지 몰라도 이런 모습이 소미에게는 평상시 모습이었다.

"왜…에?"

순간 당황한 소미는 말을 살짝 더듬었다.

"너는 왜 청소 안 하냐고? 말귀도 못 알아먹어?"

"어…어??"

소미는 무슨 말을 해야 할지 몰랐다. 하지만 저번에 채림이가 소미의 사물함을 신경질적으로 닫은 것처럼 주앙이가 세게 닫으려 하자, 소미는 사물함 문을 굳게 잡고 버티면서 저항했다. 동생이 당한 생각을 하면 주앙이에게 만큼은 밀리고 싶지 않았다.

"이게 정말!"

소미가 맞서려고 하는 모습을 보이자 주앙이는 청소하던 쓰레받기 손잡이를 잡고 소미를 향해 휘둘렀다.

"별것도 아닌 게!!"

"악!!!"

놀란 소리와 함께 소미는 무의식적으로 목발을 휘둘렀다. 목발은 주앙이가 휘두르는 쓰레받기를 그대로 받아치며 주앙이의 팔을 쳤다.

쓰레받기가 깨지면서 그 파편이 사방으로 튀었다. 주앙이는 깨진 쓰레받기를 계속 휘둘렀고, 깨진 쓰레받기에 소미의 팔도 피가 나올 정도로 수차례 긁혔다.

채림이는 이 모습을 미소를 띤 채 바라보고만 있었고, 다른 학생들은 놀란 상태로 멍하니 서 있었다. 뒤늦게 교실로 돌아온 회장이 급히 이들을 말리기 위해 달려왔다.

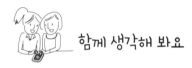

함께 생각해 봐요

1. 가해자인 주앙이는 왜 오히려 영서를 더 괴롭히고 있나요? 그렇게 생각하는 이유는 무엇인가요?

2. 주앙이에 대한 선생님의 생각은 피해자인 영서나 소미와는 다른 것을 알 수 있습니다. 과연 그 이유는 무엇일까요? 다른 사람에 대한 판단과 그에 대한 도덕적 판단에 있어서 유의할 점은 무엇일까요?

3. 문제 1, 2를 전제로 하여 앞선 EP22에서의 문제를 EP23과 다시 연결해 되새겨 봅시다.

4. 주앙이가 소미에게 한 폭력 이외에 어떤 폭력 행위를 EP23에서 찾아볼 수 있나요?

5. 소미에게 벌인 폭력 행위는 과연 주앙이 혼자서 한 행위라고 할 수 있나요? 또한 그 외 방관한 친구들에 대해서는 도덕적으로 어떻다고 말할 수 있을까요?

6. 주앙이와 채림이는 (내)집단을 만들어 친구들에게 영향력을 행사하

고 있습니다. 이들에 대해 어떤 마음이 들고, 그 이유는 무엇인가요? 이러한 내집단 만들기의 영향력은 무엇이라 평할 수 있으며, 그 피해는 무엇인지, 또한 이를 폭력의 또 다른 형태라고 볼 수 있는지 이야기해 봅시다.

7. 여러분 주변에 이와 비슷한 사례가 있나요? 함께 이야기 나누어 봅시다.

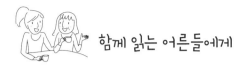

함께 읽는 어른들에게

일부 어른들은 아이의 잘못을 지적하는 것이 아이의 기를 죽이는 것으로 생각하는 경우가 있습니다. 아이들이 공공장소에서 마땅히 지켜야 할 공중도덕을 지키지 않거나 타인에게 무례한 행동을 하여도 아이들이니 그럴 수 있다는 말로 상황을 모면하게 하곤 합니다.

자신의 잘못에 대해 진정한 사과를 할 줄 알고 실제 그렇게 행동하는 것은 '용기' 있는 행동입니다. 또한 자신의 잘못을 인지하고 피해자에게 진심으로 사과할 줄 아는 것은 도덕적 차원에서 매우 핵심적인 역량입니다. 이것은 아이들을 성장하게 하는 원동력이 됩니다.

따라서 선생님과 부모님들께서는 아이들이 잘못을 저지른다면 이에 대해 '분명하게 무엇이 잘못된 것인지 구별'해 주시고, 아이들이 '상대에게 진정성 있는 사과'를 하도록 할 필요가 있습니다. 도적적 행위에서 가장 중요한 것은 용기이며, 이것은 도덕적 실천의 엔진입니다. 아이들이 자신의 행동에 대해 용기 있게 인정하고 책임지는 자세를 갖도록 도와주시길 바랍니다.

또한 이번 에피소드를 통해 아이들과 함께 폭력의 개념 정의에 대해 생각해 보시기 바랍니다. 즉 유형적 폭력만이 다가 아니라는 점을 아이들이 깨닫도록 도와 주시기 바랍니다.

폭력에는 사회적 배제, 무언의 압박 등과 같은 미세공격microaggression을 포함한 무형적 폭력도 존재합니다. 미세공격과 사회적 배제 혹은 사회적 폭력에 관한 질문을 유도하여 아이들이 학교에서 무형화된 폭력을 경험하고 있거나 목격하고 있지는 않은지 점검하시기 바랍니다. 또한 이에 대하여 적절한 대처가 필요함을 인지시켜 주시기 바랍니다.

착한 것, 도덕적인 것, 선한 것이란 남들에게 겉으로 보이는 행위로 인한 것이 아니라 가장 약한 친구, 즉 약자를 대하는 태도에서 그 본성이 드러난다는 점도 일깨워 주시기 바랍니다.

학교생활 나라면 어떻게 할까?

초등인성수업1

2021년 11월 18일 1판 1쇄 펴냄

지은이 | 박형빈
펴낸이 | 김철종

펴낸곳 | (주)한언
출판등록 | 1983년 9월 30일 제1-128호
주소 | 서울시 종로구 삼일대로 453(경운동) 2층
전화번호 | 02)701-6911 팩스번호 | 02)701-4449
전자우편 | haneon@haneon.com

ISBN 978-89-5596-920-7 (03370)

만든 사람들
기획 · 총괄 | 손성문
편집 | 김세민
디자인 | 박수란

한언의 사명선언문

Since 3rd day of January, 1998

Our Mission – 우리는 새로운 지식을 창출, 전파하여 전 인류가 이를 공유케 함으로써 인류 문화의 발전과 행복에 이바지한다.

– 우리는 끊임없이 학습하는 조직으로서 자신과 조직의 발전을 위해 쉼 없이 노력하며, 궁극적으로는 세계적 콘텐츠 그룹을 지향한다.

– 우리는 정신적·물질적으로 최고 수준의 복지를 실현하기 위해 노력하 며, 명실공히 초일류 사원들의 집합체로서 부끄럼 없이 행동한다.

Our Vision 한언은 콘텐츠 기업의 선도적 성공 모델이 된다.

저희 한언인들은 위와 같은 사명을 항상 가슴속에 간직하고
좋은 책을 만들기 위해 최선을 다하고 있습니다.
독자 여러분의 아낌없는 충고와 격려를 부탁드립니다.

• 한언 가족 •

HanEon's Mission statement

Our Mission – We create and broadcast new knowledge for the advancement and happiness of the whole human race.

– We do our best to improve ourselves and the organization, with the ultimate goal of striving to be the best content group in the world.

– We try to realize the highest quality of welfare system in both mental and physical ways and we behave in a manner that reflects our mission as proud members of HanEon Community.

Our Vision HanEon will be the leading Success Model of the content group.